# Von der Analyse zum Global Player

Hatto Brenner · Gudrun Haller

# Von der Analyse zum Global Player

Aufbau und Führung von
Vertriebssystemen im Ausland

Hatto Brenner
AWI International Business Services
Erlangen, Deutschland

Gudrun Haller
Ribbesbüttel, Deutschland

ISBN 978-3-658-10195-4      ISBN 978-3-658-10196-1   (eBook)
https://doi.org/10.1007/978-3-658-10196-1

Die Deutsche Nationalbibliothek verzeichnet diese Publikation in der Deutschen Nationalbibliografie; detaillierte bibliografische Daten sind im Internet über http://dnb.d-nb.de abrufbar.

Springer Gabler
© Springer Fachmedien Wiesbaden GmbH, ein Teil von Springer Nature 2019

Springer Gabler ist ein Imprint der eingetragenen Gesellschaft Springer Fachmedien Wiesbaden GmbH und ist ein Teil von Springer Nature.
Die Anschrift der Gesellschaft ist: Abraham-Lincoln-Str. 46, 65189 Wiesbaden, Germany

# Inhaltsverzeichnis

# Besonderheiten internationaler Märkte

**Zusammenfassung**

Neben den USA und China ist Deutschland eine der führenden Welthandelsnationen. Das „Made in Germany", im 19. Jahrhundert eingeführt von Großbritannien zum Schutz vor minderwertigen Billigimporten aus Deutschland, ist zu einem weltweiten Siegel für Qualität geworden. Der globale Wettbewerb hat sich in den letzten Jahrzehnten mit hoher Dynamik verschärft und so sind die Unternehmen gezwungen, ihre Internationalisierungsstrategien den neuen Rahmenbedingungen anzupassen. China ist nicht mehr als verlängerte Werkbank Europas bzw. der Welt zu bezeichnen. Um heute Erfolg auf Auslandsmärkten zu haben, reichen ausgereifte und hochwertige Produkte allein nicht mehr aus. Konzepte zur systematischen Markterschließung sind gefordert. Diese können jedoch nur greifen, wenn jeder Markt in seiner Individualität erkannt und bearbeitet wird. Auch kulturelle und klimatische Gegebenheiten sollten hier Berücksichtigung finden. Der Aufbau und die Abwicklung von Auslandsgeschäften sind damit oft nicht vergleichbar mit dem vertrauten heimischen Markt. Deutsche Unternehmen haben immer wieder eine hohe Innovationskraft bewiesen, die es heute mehr denn je zu beweisen und auszubauen gilt, um weiterhin eine der führenden Exportnationen dieser Welt zu bleiben.

Seit vielen Jahrzehnten gehört Deutschland weltweit neben den USA und China zu den führenden Exportnationen. Dieser Erfolg basiert auf innovativen Produkten mit hohem Qualitätsstandard, Zuverlässigkeit und konsequent zielgerichteten Marktbearbeitungsstrategien.

Gestützt wird die deutsche Wirtschaft dabei durch sog. Global Player, d. h. Großunternehmen, die weltweit aktiv sind, und eine in der Welt beispiellose Vielzahl von leistungsfähigen mittelständischen Betrieben. Oft handelt es sich dabei um Familienunternehmen, die mit hohem Verantwortungsbewusstsein ihre langfristig ausgerichtete

© Springer Fachmedien Wiesbaden GmbH, ein Teil von Springer Nature 2019
H. Brenner und G. Haller, *Von der Analyse zum Global Player,*
https://doi.org/10.1007/978-3-658-10196-1_1

Geschäftspolitik erfolgreich betreiben. Sie tragen wesentlich zum Wohlstand Deutschlands bei.

Ausgereifte Produkte von hoher Qualität sowie Innovationskraft sind zweifellos wichtige Faktoren für den Erfolg auf Auslandsmärkten. Dies gilt gleichermaßen für das In- und Ausland. Heute mehr denn je entscheidend sind jedoch auch die Distributionspolitik sowie die Flexibilität, sich an Gegebenheiten und Gepflogenheiten der ausländischen Kunden mit ihren oft ganz eigenen Wertvorstellungen anzupassen.

Nicht selten unterscheiden sich die Rahmenbedingungen in anderen Ländern nicht unwesentlich vom heimischen Markt. Dies beginnt mit kulturellen und klimatischen Unterschieden, uns unbekannte Wertevorstellungen und Erfahrungen resultieren in anderen Mentalitäten, die für uns fremd und teils sogar verwirrend sein können. Weitere wichtige Aspekte im Geschäftsleben sind Unterschiede in der Vertragsgestaltung, der finanziellen Absicherung von Exportgeschäften, der dokumentären Abwicklung des Warenexports bis hin zum After Sales Service. [1] Das bedeutet, dass „business as usual" wie in Deutschland zumeist unmöglich wird.

Und dennoch entscheiden sich Unternehmen, v. a. aus westlichen Industrienationen, eine Expansion ins Ausland vorzunehmen. Die Gründe dafür sind vielfältig und reichen von der Notwendigkeit, sich neue Absatzchancen auf neuen Märkten zu erschließen, bis zur Senkung von Herstellkosten. In zunehmendem Maß sind es absatzorientierte Gründe, eine Internationalisierung bei überschaubarem finanziellen Risiko vorzunehmen. Vertriebs- und Serviceaktivitäten werden in Wachstumsmärkten mehr und verstärkt. Aber auch Forschung und Entwicklung werden auf Auslandsmärkte verlagert, um den neuen Anforderungen Rechnung zu tragen und nah am Kunden zu sein.

Die Unternehmen müssen sich einem steigenden globalen Wettbewerb von hoher Dynamik stellen, der sich v. a. durch China verschärft hat. Schon seit Langem ist diese Volkswirtschaft nicht mehr die verlängerte Werkbank der westlichen Industrienationen. Durch innovative, mittlerweile ausgereifte und technologisch interessante Produkte von gut ausgebildeten Arbeitskräften hat dieses Land bei steigenden Löhnen eine hohe Kaufkraft entwickelt. So avancierte China zur größten Exportnation weltweit, mobilisiert seine Kräfte mehr und mehr und nimmt damit eine neue Rolle in der Weltgemeinschaft ein (Tab. 1.1).

Im Jahr 2017 war China mit Exporten im Wert von rund 2,26 Bio. US$ das größte Exportland weltweit. [2].

Deutschland ist damit gefordert, seine Internationalisierungsstrategie diesen geänderten Rahmenbedingungen anzupassen. Dazu ist es unerlässlich, die Innovationskraft für qualitativ hochwertige und technologisch ausgereifte Produkte und Leistungen weiter auszubauen und neue Kundenpotenziale weltweit durch eine zielgerichtete Verkaufs- und Marketingstrategie zu erschließen. Gelingt dies, wird Deutschland seine Stellung als eine der führenden Exportnationen bewahren und das Siegel „Made in Germany" weiterhin von seinen Kunden geschätzt werden.

**Tab. 1.1** Entwicklung der weltweiten Warenexporte – Vergleich Volksrepublik China mit Bundesrepublik Deutschland [3]

| Jahr | Gesamter Welthandel – Anteile in % | Gesamter Welthandel in Mrd. US$ | Volksrepublik China Anteil in % | Volksrepublik China Anteil in Mrd. US$ | Bundesrepublik Deutschland Anteil in % | Bundesrepublik Deutschland Anteil in Mrd. US$ |
|---|---|---|---|---|---|---|
| 1948 | 100 | 59 | 0,9 | 0,53 | 1,4 | 0,83 |
| 1953 | 100 | 84 | 1,2 | 1,01 | 5,3 | 4,45 |
| 1963 | 100 | 157 | 1,3 | 2,04 | 9,3 | 14,60 |
| 1973 | 100 | 579 | 1,0 | 5,79 | 11,7 | 67,74 |
| 1983 | 100 | 1838 | 1,2 | 22,06 | 9,2 | 169,10 |
| 1993 | 100 | 3688 | 2,5 | 92,20 | 10,3 | 379,86 |
| 2003 | 100 | 7380 | 5,9 | 435,42 | 10,2 | 752,76 |
| 2015 | 100 | 15.985 | 14,2 | 2269,87 | 8,3 | 1326,76 |

▶  **Tipp** Zur Absicherung der Unternehmenszukunft ist es unabdingbar, Internationalisierungsstrategien zu überprüfen. Sollten Sie noch nicht im Auslandsgeschäft tätig sein, ist es wichtig, als Unternehmensführung diese nach strategischen Gesichtspunkten zu bewerten und in der Umsetzung zu begleiten.

Unterschätzen Sie nicht die Andersartigkeit von internationalen Märkten. Recherchieren Sie fundiert und bereiten Sie eine Markteinführung gut vor. Schnelle Coups führen i. d. R. nicht zum Erfolg, sind jedoch kostspielig für Ihr Unternehmen.

## Literatur

1. Brenner H, Langenhagen A (2009) Erfolgreich exportieren: Auslandsgeschäfte vorbereiten, abschließen, abwickeln, 3. Aufl. Bundesanzeiger Verlag, Köln
2. WTO (2019) Die 20 größten Exportländer weltweit im Jahr 2018 (in Milliarden US-Dollar), zitiert nach de.statista.com. https://de.statista.com/statistik/daten/studie/37013/umfrage/ranking-der-top-20-exportlaender-weltweit/. Zugegriffen: 25. Mai 2019
3. WTO: Statistik – Handel und Zölle. bzw. Trade and Tariff Data. https://www.wto.org/english/res_e/statis_e/statis_e.htm. Zugegriffen: 25. Mai 2019

# Definitionen und Abgrenzungsmerkmale: Marketing – Vertrieb bzw. Distribution – Verkauf

2

**Zusammenfassung**

Insbesondere bei internationalen Geschäftsaktivitäten ist zu beobachten, dass die Begriffe Verkauf, Vertrieb und Marketing und die hiermit verbundenen Aktivitäten unklar formuliert und verwendet werden, was v. a. bei der Zusammenarbeit mit ausländischen Vertriebspartnern immer wieder zu Problemen führen kann. Auch für die interne Organisation Ihres Auslandsgeschäfts ist eine eindeutige Abgrenzung erforderlich. Letztendlich sind darüber Zuständigkeiten und auch Verantwortungsbereiche im heimischen Unternehmen klar zu definieren. Sie fördern somit auch eine Transparenz, welche Mitarbeiter und Fähigkeiten bereits an Bord sind oder noch rekrutiert werden sollten. Außenhandelsgeschäfte erfordern eine hohe Startinvestition und im Normalfall ist der Weg zum Erfolg langwieriger als im Inland. Umso sinnvoller ist es, auch Basics, die für das nationale Geschäft unstrittig sind, zu prüfen, zu bewerten und umzusetzen. „Don't take anything for granted" – nehmen Sie nichts als gegeben und unumstößlich an. Es ist nicht ungewöhnlich, dass Strukturen im Inlandsgeschäft nicht übertragbar und deshalb neu gedacht werden müssen und gegebenenfalls anzupassen sind.

**Marketing**

Die Definitionen des Begriffs Marketing sind keineswegs einheitlich. Kurz und prägnant wird Marketing heute wie folgt beschrieben:

▶ Unter Marketing versteht man alle unternehmerischen Aktivitäten, um Kundenbeziehungen aufzubauen, zu erhalten und langfristig zu stärken [1].

© Springer Fachmedien Wiesbaden GmbH, ein Teil von Springer Nature 2019
H. Brenner und G. Haller, *Von der Analyse zum Global Player*,
https://doi.org/10.1007/978-3-658-10196-1_2

Folgende Wesensmerkmale bilden dies ab [1]:

- Kundenorientierte Gestaltung des Produkt- bzw. Lieferangebots
- Marktgerechte Preisbildung inklusive Liefer- und Zahlungskonditionen
- Kundengerechte Kommunikation
- Zielgerichtete Distribution

**Vertrieb bzw. Distribution**

Dieser Begriff ist im Allgemeinen weniger umstritten und kann wie folgt zusammengefasst werden:

▶ Im Prinzip handelt es sich bei Vertrieb bzw. Distribution um eine Unterfunktion des Marketings und beinhaltet alle Maßnahmen, die notwendig sind, um Produkte bzw. Leistungen für Kunden verfügbar zu machen [1].

Die Wesensmerkmale dazu sind:

- Suche von Vertriebspartnern, deren Schulung und Steuerung
- Aufbau und Pflege von Kundenbeziehungen [1]
- Logistische Aktivitäten, um die Verfügbarkeit des Produkts bzw. der Leistungen beim Kunden sicherzustellen [1]

**Verkauf**

Nachfolgend eine prägnante Definition für Verkauf:

▶ Im Prinzip handelt es sich beim Verkauf um eine Unterfunktion des Vertriebs. Mit Verkauf bezeichnet man alle Aktivitäten und Maßnahmen, um im Kundenkontakt zu einem Verkaufsabschluss zu gelangen.

Dazu gehören:

- Kundenakquisition, d. h. die Erstansprache von potenziellen Kunden
- Beratung bezüglich des Nutzens, den der potenzielle Kunde hat bei Verwendung des angebotenen Produkts bzw. der angebotenen Leistung
- Vertragsabschluss (Kaufvertrag bzw. Dienstleistungsvertrag)

Die Abb. 2.1. soll dies verdeutlichen.

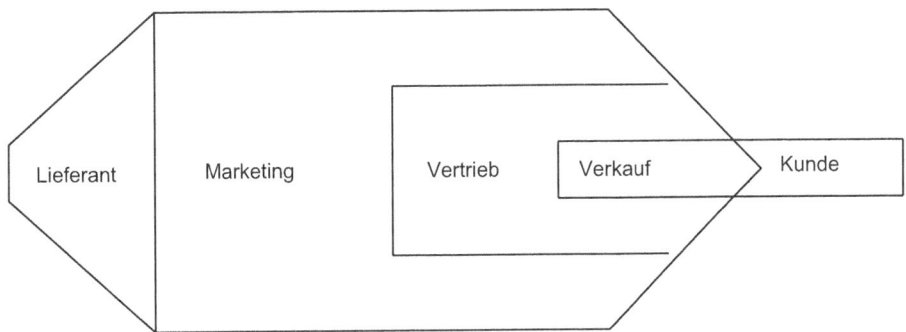

**Abb. 2.1** Abgrenzung Marketing/Vertrieb bzw. Distribution/Verkauf

**Tipp**

Überprüfen Sie Ihre Organisationsstrukturen auf Übertragbarkeit und Klarheit für das Auslandsgeschäft. Erfahrungsgemäß sind hier Anpassungen erforderlich. Grundsätzlich empfiehlt sich jedoch die Beibehaltung der Kernkompetenzen. Dennoch sollten Sie Entscheidungskompetenzen bzw. Zuständigkeiten für die Auslandsmärkte eindeutig definieren. Wer entscheidet letztendlich für das Auslandsgeschäft in den Bereichen Marketing, Distribution, Verkauf? Kann dies durch die Entscheidungsträger für das Inlandsgeschäft erfolgen oder sind dafür die Spezialisten für das Exportgeschäft prädestiniert?

Prüfen Sie, welche Fähigkeiten für die genannten Bereiche durch vorhandene Mitarbeiter bereits abzudecken und welche gegebenenfalls noch zu rekrutieren sind. Wichtig dabei ist, dass bei Neueinstellungen abgesehen von Abwicklungskompetenzen auch interkulturelle Fähigkeiten und natürlich Sprachkenntnisse eine wichtige Rolle spielen. Grundsätzlich erfordert das Auslandsgeschäft die Akzeptanz fremder Kulturen mit ihren jeweiligen Besonderheiten. Das erfordert Flexibilität und oft auch hohe Durchsetzungsfähigkeit im heimischen Unternehmen.

## Literatur

1. Brenner H, Dörfler W (2017) Exportpreise richtig kalkulieren und erfolgreich verhandeln. Springer Gabler, Wiesbaden

# Voraussetzungen und Entscheidungskriterien für die Expansion in Auslandsmärkte

**Zusammenfassung**

Welche Beweggründe gibt es für ein Unternehmen, ins Ausland zu expandieren? Treffen diese auch auf Ihr Unternehmen zu? Welcher Zusatznutzen kann sich daraus ergeben? Die Zielsetzungen können vielseitig und sowohl qualitativer als auch quantitativer Natur sein. Wichtig ist es, zur Klarheit eine Analyse des Unternehmens und der Beweggründe vorzunehmen. Gerade für mittelständische Unternehmen fehlen oft die Ressourcen, dies zu tun. Hier ist die Unique Selling Proposition (USP, das Alleinstellungsmerkmal) eine entscheidende Grundlage, die – sofern noch nicht vorhanden – formuliert werden sollte. So können Sie feststellen, ob Sie für die Auslandsexpansion strategisch zielgerichtet vorbereitet sind, entsprechend bereits vorgehen oder Anpassungen noch sinnvoll sind. Dies ist eine wichtige Voraussetzung für Ihren Erfolg und schafft Transparenz, welche inner- oder auch überbetrieblichen Voraussetzungen für Ihre Zielerreichung noch zu schaffen sind. Je unklarer diese grundsätzlichen Aspekte sind, desto mehr werden sie später Ihre täglichen Aktivitäten beeinträchtigen. Nicht zu unterschätzen ist, dass Mitarbeiter im heimischen Unternehmen und Vertriebspartner im Auslandsmarkt Ihre Ziele nicht verfolgen können, wenn sie nicht kommuniziert sind. Dies wird den Gesamterfolg Ihres Vorhabens in Mitleidenschaft ziehen, Zeit und Geld kosten.

## 3.1 Unternehmerische Beweggründe für die internationale Expansion

Die internationale Expansion von Unternehmen unterliegt unterschiedlicher Motivation. Im Wesentlichen kann dies mit zwei Begriffen zusammengefasst werden: entweder gezwungenermaßen oder geplant. Was ist damit gemeint?

© Springer Fachmedien Wiesbaden GmbH, ein Teil von Springer Nature 2019
H. Brenner und G. Haller, *Von der Analyse zum Global Player*,
https://doi.org/10.1007/978-3-658-10196-1_3

Der Wettbewerbsdruck am heimischen Markt ist heute nicht nur durch inländische Mitbewerber geprägt, sondern zusätzlich durch ausländische Firmen, die nach Deutschland drängen. Dies kann verbunden sein mit einer Marktsättigung, sodass unweigerlich ein Verdrängungswettbewerb entsteht bzw. verschärft wird. Die Chancen auf Umsatz- und Ergebnissteigerungen sinken und zwingen das Unternehmen, neue Bereiche zu erschließen. Abgesehen von oder ergänzend zu einer Diversifizierung kann dies auch neue Märkte im Ausland umfassen.

Immer häufiger ist der Schritt ins Ausland jedoch auch ein Ergebnis strategischer unternehmerischer Entscheidungen. Das heißt, ein Unternehmen hat einen gewissen Reifegrad erreicht und der nächste Schritt im Rahmen des Wachstums ist nun der planvolle Aufbau von internationalen Aktivitäten. Es bieten sich wirtschaftlich interessante Zielmärkte an und darüber hinaus auch die Möglichkeit, den Produktlebenszyklus zu verlängern bzw. lukrativer als nur am heimischen Markt zu nutzen. Vorhandene Kapazitäten können somit verstärkt ausgeschöpft bzw. ausgedehnt werden und das Unternehmen kann auf diese Weise einer Stagnation oder sogar einem Umsatzrückgang am heimischen Markt begegnen.

So steigen insgesamt die globale Marktpräsenz, die Wahrnehmung beim Kunden und natürlich auch der Wert des Unternehmens.

> **Zusammengefasst sieht man in der Praxis folgende Beweggründe für Internationalisierung**
>
> **Beschaffungsorientierte Motive, wie z. B.:**
> - Absicherung bzw. Verbesserung der Rohstoffbeschaffung
> - Zugang zu neuen Personal- und Produktionsressourcen
>
> **Kosten- und ertragsorientierte Motive, wie z. B.:**
> - Nutzung von Kostenvorteilen
> - Ausschöpfung und Ausbau von vorhandenen Kapazitäten
> - Ausgleich von Standortnachteilen aller Art am heimischen Markt
> - Steigerung des Unternehmenswerts
>
> **Markt- und absatzorientierte Motive, wie z. B.:**
> - Umgehung von Handelshemmnissen
> - Verlängerung des Produktlebenszyklus
> - Diversifizierung mit neuen Produkten bzw. Sortimenten
> - Erschließung eines Testmarkts für neue Produkte und Sortimente
> - Kompensation von ertragsschmälernden Veränderungen am Inlandsmarkt
> - Aufbau von und Erhöhung der Präsenz in neuen interessanten Zielmärkten

## 3.2 Zielsetzungen der angestrebten Exportaktivitäten

In mittelständischen Unternehmen sind häufig strategische Aufgaben mit dem operativen Geschäft von nur einem Verantwortlichen in Einklang zu bringen. Der rasche globale Wandel tut sein Übriges, sodass kaum zeitliche Ressourcen für grundsätzliche zielorientierte Überlegungen vorhanden sind.

Ohne die Definition von realistischen und gut durchdachten Zielsetzungen kann jedoch der Erfolg bei der Erschließung von Auslandsmärkten spürbar beeinträchtigt werden. Dies wird sich auch auf das wirtschaftliche Ergebnis auswirken. Ein klar definiertes Ziel wird zusätzliche Kräfte mobilisieren, indem eine zielorientierte Vorgehensweise gewährleistet werden kann. Überlassen Sie dies nicht dem Zufall.

Dem systematische Auf- und Ausbau der Exportaktivitäten können sowohl qualitative als auch quantitative Ziele zugrunde liegen, die – klar kommuniziert – auch im Unternehmen von allen betreffenden Mitarbeitern inklusive der Auslandspartner umgesetzt werden können. Die Ziele können je nach Unternehmen unterschiedlich sein. Hier empfiehlt sich am Beispiel der Tab. 3.1 und 3.2 Ziele auszuwählen und in einer Matrix mit entsprechender Priorisierung zu bewerten.

In Tab. 3.1 finden Sie qualitative Ziele und in Tab. 3.2 sehen Sie quantitative Ziele, die den Aufbau von Exportgeschäften beeinflussen.

**Tab. 3.1** Zielsetzung für Export – qualitative Ziele [2]

| | |
|---|---|
| Wachstum | Stagniert der heimische/europäische Markt? Gibt es Wachstumschancen, z. B. in Asien und Lateinamerika? |
| Kapazitätsauslastung | Ist durch zusätzliche Verkäufe ein höherer bzw. weniger stark schwankender Beschäftigungsgrad erreichbar? |
| Kostendegression | Ergibt sich eine positive Verteilung der Kosten für Forschung und Entwicklung? |
| Risikostreuung | Kann die Abhängigkeit von der Konjunkturentwicklung des heimischen Markts reduziert werden? |
| Produktlebenszyklus | Kann die Produktlebensdauer auf anderen Märkten verlängert werden, bei Änderungen des Verbraucherverhaltens auf dem heimischen Markt? Kann die Produktlebensdauer auf anderen Märkten verlängert werden, bei technologischer Weiterentwicklung auf dem heimischen Markt? |
| Marktpräsenz | Wie kann potenziellen Mitbewerbern der Markteinstieg erschwert werden? |
| Image | Wie kann das internationale Image Ihres Unternehmens aufgebaut bzw. gestärkt werden? Wie kann der internationale Auftritt für den heimischen Markt genutzt werden? |
| Gewinn | Sind auf den internationalen Märkten höhere Gewinnmargen zu realisieren? |

**Tab. 3.2** Zielsetzung für Export – quantitative Ziele [1, 2]

| Produktgruppe/-n | Welche Produkte sollen abgesetzt werden? |
|---|---|
| Markt | In welchen Märkten sollen die Produkte abgesetzt werden? |
| Zeitraum | In welchem Zeitraum sollen die Produkte abgesetzt werden? |
| Volumen | Mit welchem Volumen sollen die Produkte abgesetzt werden? |

## 3.3    Situationsanalyse vor Start der Exportaktivitäten

Von der Entscheidung zur Internationalisierung bis zu tatsächlich nachhaltigen Liefergeschäften ist nach Erfahrungen aus der Praxis mit einem Zeithorizont von mindestens zwei bis drei Jahren zu rechnen. In dieser Phase müssen Sie mit einer nicht unerheblichen Bindung von zeitlichen, finanziellen und personellen Ressourcen rechnen. Sie kommen nicht umhin, eine Reihe von oft marktbezogenen Rahmenbedingungen zu erfüllen, die im Lauf des Prozesses zu untersuchen, zu bewerten und bei der Abwicklung von Exportgeschäften zu berücksichtigen sind.

In Tab. 3.3 finden Sie einige wichtige Aspekte für die Situationsanalyse, die auch als Strengths-Weaknesses-Opportunities-Threats(SWOT)-Analyse bezeichnet wird. Je nach Markt, Unternehmen bzw. Produkt kann diese entsprechend erweitert oder variiert werden.

**Tab. 3.3** Situationsanalyse vor Start von Exportaktivitäten [3]

| Exporterfahrung | In welchem Umfang liegen bereits Erfahrungen im Auslandsgeschäft vor? |
|---|---|
| Produktpalette | Sind die Produkte und Leistungen hinsichtlich Qualität, Haltbarkeit, Verpackung, Kundendienst usw. tatsächlich exportfähig? |
| Produktion | Sind freie Kapazitäten vorhanden? Sind Produktionsausweitungen möglich? |
| Finanzwesen | In welchem Umfang stehen Mittel für den Aufbau des Exportgeschäfts zur Verfügung? |
| Organisation | Wie ist die Eignung der vorhandenen Mitarbeiter (Qualifikation, Sprache, Exporttechnik)? |
| Binnenmarkt | Welche Absatzchancen sind mittel- und langfristig für die eigenen Produkte zu erwarten? |
| Auslandsmärkte | Auf welchen Märkten bestehen Absatzchancen für das Produktprogramm? Welche Märkte scheiden z. B. aus politischen oder geografischen Gründen prinzipiell aus? |

## 3.4  Inner- und überbetriebliche Anforderungen für den Aufbau und die Abwicklung von Exportgeschäften

Der Aufbau von Exportaktivitäten wird eine Reihe von Herausforderungen mit sich bringen, die bei Inlandsgeschäften unbekannt oder nicht von Bedeutung sind. Dazu gehören z. B.:

- Länderspezifische Importbedingungen, -beschränkungen inklusive Zertifizierungsvorschriften
- Sitten und Gebräuche im Zielmarkt
- Erforderliche Produktanpassungen an die Bedürfnisse des Auslandsmarkts
- Falsche Einschätzung von Absatzmöglichkeiten aufgrund unzulänglicher Informationen
- Abwicklungsprobleme des Liefergeschäfts durch unzureichende Organisationsvoraussetzungen bzw. mangelnde Mitarbeiterqualifikation
- Lange Vorlaufzeiten beim Markteinstieg mit entsprechendem Finanzierungsbedarf bis zu nachhaltigem Umsatz

Um derartige mögliche Probleme rechtzeitig zu erkennen und auszuschalten, sind die in Tab. 3.4 angeführten innerbetrieblichen Voraussetzungen rechtzeitig zu schaffen.

**Tab. 3.4**  Innerbetriebliche Voraussetzungen [4]

| Untersuchungsbereich | Wichtige Faktoren | Bewertung im Hinblick auf den erfolgreichen Export |
|---|---|---|
| Produktion | Produktionskapazitäten | Der Absatz kann nur gesteigert werden, wenn freie Produktionskapazitäten zur Verfügung stehen |
| | Produktionskosten | Niveau bestimmt die preisliche Wettbewerbssituation |
| Produkt | Produkteigenschaften | Diese kritisch prüfen und mit den gesetzlichen Anforderungen des angestrebten Auslandsmarkts wie Normen, Sicherheitsvorschriften, Lebensmittelgesetzen und Verbraucherschutz vergleichen |
| | Ausfuhrfähigkeit des Produkts nach deutschem Recht | Falls Produkt nach deutschem Recht ausfuhrfähig ist, gegebenenfalls Ausfuhrgenehmigung einholen |
| Forschung und Entwicklung | Kapazität und Qualität der unternehmenseigenen Forschung und Entwicklung | Diese kritisch prüfen und gegebenenfalls auf Wesentliches konzentrieren, um sich dem Wandel der Kundenanforderungen und den Erfordernissen des internationalen Wettbewerbs anpassen zu können |

(Fortsetzung)

**Tab. 3.4** (Fortsetzung)

| Untersuchungsbereich | Wichtige Faktoren | Bewertung im Hinblick auf den erfolgreichen Export |
|---|---|---|
| Finanzen | Eigenkapital und Kreditspielraum | Finanzieller Spielraum ist Voraussetzung für die erforderliche Ausdauer beim Marktaufbau |
| | Selbstkosten und Gewinnspannen auf angezielten Auslandsmärkten | Diese ermitteln, um festzustellen, ob der Preis der eigenen Produkte an den der Konkurrenz (Marktpreis) angepasst werden kann |
| Vertrieb und Marketing | Vertriebsorganisation im Ausland | Die Vertriebsorganisation im Ausland ist eine unabdingbare Voraussetzung für die erforderliche Durchdringung des Marktes; eventuell Handelsmittler einschalten |
| | Werbung, Verkaufsförderung, Öffentlichkeitsarbeit im Ausland | Dies sind Voraussetzungen, den Absatz der Produkte im Ausland in Gang zu bringen |
| | Vertriebskooperation mit anderen Herstellern | Prüfen, um Vertriebskosten zu senken |
| Organisation | Sachgerechte Aufteilung der Kompetenzen, Existenz eines Organigramms | Als Voraussetzungen für Wirksamkeit und Schnelligkeit von notwendigen Entscheidungen für das Exportgeschäft |
| Personal | Anzahl und Eignung des Personals für Exportaktivitäten | Geeignetes Personal mit sachgerechten Fähigkeiten, wie Kenntnissen im Exportvertrieb, in Welthandels- oder den Landessprachen, in der Technik der Auftragsabwicklung und mit Verhandlungsgeschick als Voraussetzungen für den Exporterfolg |

Die innerbetrieblichen Voraussetzungen sind ein wichtiger Bestandteil Ihres Exporterfolgs. Darüber hinaus gibt es jedoch noch eine Reihe von Anforderungen, die unternehmens- oder produktbezogen zu betrachten sind. Und letztendlich spielt natürlich auch der Zielmarkt selbst eine entscheidende Rolle. Eine Auswahl überbetrieblicher Anforderungen finden Sie in Tab. 3.5.

**Tab. 3.5** Exportvoraussetzungen [5]

| Produkt/Produktion | Sind ausreichende Fertigungskapazitäten vorhanden? Wie und in welchem Umfang ist das Produkt bezüglich Design und Qualität anzupassen? In welcher Form sollte das Sortiment zusammengestellt sein? Welche Normen und technischen Standards sind einzuhalten? |
|---|---|
| Verpackung | Welche gesetzlichen Vorschriften müssen berücksichtigt werden? Gibt es Vorschriften für die Etikettierung? Welchen Anforderungen muss die Verpackung genügen (Seetransport usw.)? |
| Versand | Welche Versandart ist zu bevorzugen (See, Land, Luft)? Welche alternativen Transportwege stehen zur Verfügung? Welche Transportmittel sind erforderlich? Welche Termine sind einzuhalten? |
| Rechtliche Aspekte | Gibt es Ausfuhrvorschriften, wie z. B. Ausfuhrverbote oder mengenmäßige Beschränkungen? Welche Einfuhrvorschriften bestehen im Importland, wie z. B. Einfuhrverbote, genehmigungsbedürftige Einfuhren, einfuhrlizenzpflichtige Waren? Welche Produkthaftungsvorschriften bestehen (z. B. USA)? |
| Risikobetrachtung | Wurde die Bonität des Kunden geprüft? Welches Länderrisiko ist gegeben (Länder-Rating)? Können bestehende Risiken versichert werden? |
| Finanzierung | Welche Zahlungsbedingungen können durchgesetzt werden? Welche Zahlungsziele sind üblich? Gibt es staatliche Finanzierungshilfen? |

## 3.5   Rechtzeitige Ausarbeitung und Kommunikation einer Unique Selling Proposition

Der internationale Welthandel hat sich in den vergangenen Jahrzehnten vervielfacht. Damit erhöhen sich automatisch die Produktvielfalt und die Anzahl der Anbieter. Der Vertrieb von Produkten und Leistungen zeichnet sich daher immer mehr durch die klare Ausarbeitung eines Alleinstellungsmerkmals für den Kunden aus. Das heißt, nur wenn der Kunde eindeutig seinen Nutzen oder Vorteil erkennen kann, wird er sich für Ihr Produkt bzw. Ihre Dienstleistung entscheiden.

▶ Beim Alleinstellungsmerkmal – auch als Unique Selling Proposition (USP) bezeichnet – kann es sich um einzigartige Eigenschaften handeln, besondere, damit verbundene Dienstleistungen oder andere Vorteile gegenüber den Mitbewerbern. Neben produktbezogenen Aspekten wie Preis, Liefer- und Zahlungsbedingungen, der Produktgestaltung, dem Design, Garantieversprechen sind auch unternehmerische Kriterien, wie z. B. Vertrieb, Kommunikation, Referenzen und die Marke, wichtige Einflussfaktoren.

▶  **Tipp**  Die Formulierung der USP stellt viele Unternehmen vor eine schwierige
Aufgabe, da sie mit ihrem Produkt sehr verhaftet sind.
   Stellen Sie sich unterstützend dazu die Frage: „Warum sollte ein Kunde im
Ausland ausgerechnet unser Produkt kaufen?". Und beantworten Sie diese
Frage ganz ehrlich. Weitere hilfreiche Anregungen dazu gibt Tab. 3.6.

Bei der Formulierung eines Alleinstellungsmerkmals sollte der Exporteur die in Tab. 3.6
dargestellten Rahmenbedingungen berücksichtigen.

**Tab. 3.6**  Alleinstellungsmerkmal (USP) überzeugend formulieren [6]

| Haben Sie im Internetauftritt Ihres Unternehmens folgende Hinweise berücksichtigt, um potenziellen Kunden einen höchstmöglichen Nutzen anzubieten (Alleinstellungsmerkmal Ihres Unternehmens)? | Was macht Ihr Unternehmen einzigartig? |
|---|---|
| | Wo liegen Ihre besonderen Stärken? |
| | Wo können Sie sich von anderen Mitbewerbern vorteilhaft abheben? |
| | Welche bestehenden oder zukünftigen Geschäftsfelder können Sie aufgrund Ihrer Stärken besser als Ihre Mitbewerber bedienen? |
| | Welche Stärken sind für Ihre Kunden mit einem besonderen Nutzen verbunden? |
| | Wie kann Ihr Kunde von der Qualifikation Ihrer Mitarbeiter profitieren? |
| | Welche Vorteile hat Ihr Kunde aus der Tradition Ihres Unternehmens? |
| | Wie wirkt sich der Standort Ihres Unternehmens auf Ihre kundenorientierte Leistungsfähigkeit aus? |
| | Von welchen Exporterfahrungen Ihres Unternehmens kann der Kunde profitieren? |
| Haben Sie in diesem Zusammenhang folgende produktorientierte Sachverhalte geprüft und glaubhaft dargestellt (Alleinstellungsmerkmal Ihres Produktprogramms)? | Art der innovativen Technologie |
| | Umweltfreundlichkeit |
| | Design |
| | Zertifizierung nach den landesspezifischen Anforderungen |
| | Benutzerfreundlichkeit |
| | Servicefreundlichkeit |
| | Überdurchschnittliche Gewährleistung |
| | Image- und Statusgewinn |
| | Sicherheit |
| | Made In Germany |

▶ **Tipp** Die Betrachtung bzw. Abwägung all dieser Themen ist zeitaufwendig und sollte von der Geschäftsleitung eines Unternehmens federführend oder zumindest eng begleitet werden. Nur so werden Sie i. d. R. ein zielgerichtetes Exportgeschäft aufbauen können. Ersparen Sie sich Umwege während des Marktaufbaus, die Zeit und Geld kosten. Gehen Sie den Weg konsequent und Schritt für Schritt. Akzeptieren Sie den aufwendigen Vorbereitungsprozess. Geduld und Beharrlichkeit werden ein wichtiger Erfolgsfaktor sein. Immer wieder gibt es Unternehmen, die einige Voraussetzungen vom Inlandsmarkt ungeprüft übernehmen oder unzureichend vorbereiten. Es ist verständlich, dass man die Expansion ins Ausland schnell vorantreiben möchte. Die Autoren haben in der Praxis später jedoch immer wieder die Erfahrung gemacht, dass ein Scheitern der Auslandaktivitäten in den Unternehmen auf zu schnell getroffene Entscheidungen zurückzuführen war.

## Literatur

1. Brenner H, Dörfler W (2017) Exportpreise richtig kalkulieren und erfolgreich verhandeln. Springer Gabler, Wiesbaden
2. Brenner H, Fuchs B, Gailler S, Sefrin M (2017) 66 Checklisten für den Export, 2. Aufl. Bundesanzeiger Verlag, Köln, S 16–17
3. Brenner H, Fuchs B, Gailler S, Sefrin M (2017) 66 Checklisten für den Export, 2. Aufl. Bundesanzeiger Verlag, Köln, S 18–19
4. Brenner H, Fuchs B, Gailler S, Sefrin M (2017) 66 Checklisten für den Export, 2. Aufl. Bundesanzeiger Verlag, Köln, S 21–23
5. Brenner H, Fuchs B, Gailler S, Sefrin M (2017) 66 Checklisten für den Export, 2. Aufl. Bundesanzeiger Verlag, Köln, S 26–27
6. Brenner H, Fuchs B, Gailler S, Sefrin M (2017) 66 Checklisten für den Export, 2. Aufl. Bundesanzeiger Verlag, Köln, S 29–30

# Entscheidung über das Zielland

**4**

**Zusammenfassung**

Es gibt annähernd 200 Zielländer für den Aufbau von Auslandsgeschäften. Damit wird klar, dass man für die Auswahl eine Vielzahl von Daten und Informationen benötigt, erfassen und auswerten muss. Oftmals entscheiden Zufälle über die Bearbeitung eines Markts. Erst viel zu spät wird festgestellt, dass die Rahmenbedingungen eines Markts ungeeignet sind für Produkt, Unternehmen oder Zielgruppe. Oft sind es kleine, aber entscheidende Punkte, die ein Vorhaben scheitern lassen, wie z. B. eine andere Netzspannung und/oder Frequenz bei Elektrogeräten. So verliert man wertvolle Zeit und Geld, die Mitarbeiter werden demotiviert. Aufgrund der strategischen Ausrichtung sollte Export immer Chefsache und ein systematisches Vorgehen wohl geplant sein. Mit kurzfristigen Erfolgen ist nicht zu rechnen. Daher sollten Sie vor Start der Aktivitäten einige grundsätzliche Fragen zur Marktauswahl stellen. Dazu gehört eine Ist-Analyse mit langfristig tragbaren Prognosen unter Berücksichtigung der Mitbewerber und der politischen, ökonomischen und strukturellen Verhältnisse eines Landes. Daneben spielen Eintrittsbarrieren allgemein und Compliance-Themen oft eine entscheidende Rolle. Im nachfolgenden Kapitel finden Sie dazu wichtige Fragestellungen, Hinweise und Praxistipps.

## 4.1 Marktanalyse: Ist-Zustand und langfristige Dynamikprognosen

Es gibt annähernd 200 Zielmärkte, die sich grundsätzlich für Auslandsgeschäfte anbieten. Und nicht selten wird die Marktentscheidung aufgrund eines Bauchgefühls gestartet. Befreundete Unternehmen, allgemein publizierte Geschäftstrends, positive

© Springer Fachmedien Wiesbaden GmbH, ein Teil von Springer Nature 2019
H. Brenner und G. Haller, *Von der Analyse zum Global Player*,
https://doi.org/10.1007/978-3-658-10196-1_4

Rückmeldungen durch Messeteilnahmen veranlassen Unternehmer, eine Marktbearbeitung zu starten – ohne den Markt in der Tiefe auf Machbarkeit untersucht zu haben.

Erfolgreiche Marktbearbeitung ist kein Zufall, sondern i. d. R. Ergebnis einer systematischen Analyse von Rahmenbedingungen inklusive Eintrittsbarrieren und möglicher
Chancen. Daten und Informationen sollten recherchiert, erfasst und im Hinblick auf Zielsetzungen geprüft und bewertet werden. Manch ein vermeintlich attraktiver Markt hat
sich dadurch als nicht machbar erwiesen.

In der Zwischenzeit wurden wichtige Ressourcen aufgewandt und gut gemeinte
Aktivitäten wieder gestoppt. Die Internationalisierung des Unternehmens ist damit oft-
mals abgesagt oder verschoben, die Mitarbeiter könnten demotiviert und ein Neustart der
Aktivitäten somit erschwert werden.

In der Tab. 4.1 finden Sie praxisbezogene Fragestellungen zur Marktauswahl.

## 4.2    Wettbewerbssituation

Die Betrachtung der Wettbewerbssituation im Zielland gehört zu einem der wichtigsten Erfolgsfaktoren des Auslandsgeschäfts. Dies wird häufig unterschätzt; Unternehmen gehen immer wieder von einer Situation in ähnlich gelagerten Ländern oder
dem Heimatmarkt aus. Zu empfehlen ist daher eine gründliche Analyse. Nicht fundierte
Recherchen führen zu Fehleinschätzungen und werden sich in einem aufwendigeren
Aufbau äußern, der Zeit und Geld kostet. Diesen Prozess können Sie über Externe wie
Außenhandelskammern, Verbände oder auch professionelle Exportberater unterstützen
lassen.

**Mit folgenden Fragen sollten Sie sich daher im Vorfeld des Markteintritts aus-
einandersetzen:**
- Welche nationalen und internationalen Mitbewerber finden Sie im Zielland vor?
- Welche Marktanteile bzw. Marktstellung nehmen diese ein?
- Welche Absatzstrategien können Sie erkennen?
- Wo liegen Ihres Erachtens Stärken und/oder Schwächen Ihrer Mitbewerber?
- Befinden Sie sich in einem Verdrängungs- oder Nischenmarkt?

**Nationale und internationale Mitbewerber im Zielland**
Der heimische Markt ist uns zumeist wohl vertraut. Hier kennen wir alle wichtigen Mit-
spieler, haben einfachen Zugang zu Informationen und wissen uns zu bewegen. Die vertrauten Marktgegebenheiten sind auf Auslandsmärkte nicht grundsätzlich eins zu eins
übertragbar und oft scheitert der Markteintritt an den Sprachkenntnissen. Um sich ein
Bild über die Marktteilnehmer, v. a. die Mitbewerber zu machen, ist es sinnvoll, die
Gegebenheiten im Zielland genau zu prüfen.

**Tab. 4.1**  Marktauswahl [1]

| | |
|---|---|
| Welches sind die speziellen Eigenheiten des fremden Markts? | Politisches Risiko<br>Religion, Sitten, Gebräuche<br>Rechtliche Besonderheiten<br>Landes- und Geschäftssprache<br>Währung<br>Preisniveau und Wechselkurs<br>Geografische und klimatische Gegebenheiten<br>Infrastruktur |
| Gibt es hier einen Bedarf für das Produkt? | Kaufkraft<br>Nachfrageart und -menge<br>Kaufmotive<br>Kaufgewohnheiten<br>Nachfragetendenzen |
| Wie ist die Konkurrenzsituation? | Konkurrenten<br>Marktanteile und Marktstellung<br>Absatzpolitik |
| Welche Vertriebsmöglichkeiten stehen für das Produktprogramm zur Verfügung? | Handelsvertreter<br>Händler<br>Importeure |
| Welche Anforderungen muss das Produkt erfüllen? | Qualität<br>Verpackung Etikettierung Service<br>Preis<br>Liefer- und Zahlungskonditionen<br>Ausfuhrvorschriften im Exportland<br>Einfuhrvorschriften im Importland |
| Welche Exportfördermaßnahmen werden von welchen Stellen angeboten? | Exportberatung<br>Messeförderung<br>Exportkreditversicherung<br>Exportkredite |

▶  **Tipp** Besuchen Sie Messen und machen Sie sich ein Bild vor Ort über die Marktteilnehmer.

   Führen Sie Gespräche mit potenziellen Kunden (Endkunden, Händler, Einkaufsverbände usw.) Sofern aus Gründen der Vertraulichkeit möglich, empfiehlt sich auch die Kontaktaufnahme mit Firmen, die bereits selbst im Zielland aktiv sind.

   Lieferanten können eine wertvolle Informationsquelle für Sie sein genauso wie Fachverbände.

   Recherchieren Sie Ihre Mitbewerber auch über Anzeigen in Fachpublikationen und im Internet. Abonnieren Sie dazu auch Newsletter.

   Prüfen Sie, welche nationalen und internationalen Mitbewerber aktuell auf Expansionskurs sind und möglicherweise auch Pläne in Ihrem Zielland haben könnten.

**Marktanteile und Marktstellung**

Auch in diesem Punkt ist der heimische Markt für uns leichter erreichbar. Durch unterschiedliche Sprache, Meldepflichten zu Zahlen usw. ist es in der Praxis nicht immer so leicht möglich, schnell ein klares Bild des Zielmarkts zu erhalten. Deshalb empfiehlt es sich, gerade bei der Frage zu Marktanteilen der Mitbewerber mehrere Wege zu gehen. So sichern Sie Ihre Informationen ab und kommen Schritt für Schritt zu einer fundierteren Einschätzung der anderen Spieler und ihrer Marktstellung auf dem Zielmarkt. Dies wird es Ihnen erleichtern, Entscheidungen zu treffen, und manchmal stellt man erstaunt fest, dass ein am Heimatmarkt gut situierter Mitbewerber im Exportland kaum oder auch gar nicht vertreten ist. Das kann Ihnen wertvolle Chancen eröffnen oder Irrwege vermeiden helfen. Eventuell bietet sich auf Basis der Analyse auch ein differenzierteres Vorgehen im Vergleich zum heimischen Markt an (Sortimentsreduzierung oder -anpassung).

▶   **Tipp** Auskunfteien, Außenhandelskammern, Kammern sowie Fachverbände und Ländervereine stehen mit wertvollem Zahlenmaterial und Beratern zur Verfügung. Auskunft zu aktuellen Adressen erteilen Ihnen Ihre zuständige Handelskammer bzw. Ihr Fachverband (s. auch weiterführende Literatur [2, 3]).
     Potenzielle Kunden oder auch Lieferanten können Ihnen Einschätzungen vermitteln.

**Absatzstrategien Ihrer Mitbewerber**

Immer wieder hört man: „Wie macht dies der Mitbewerber?". Und im nächsten Schritt werden exakt die gleichen Wege beschritten, die der Mitbewerber auch gegangen ist. In der Annahme, der Mitbewerber sei erfolgreich, wird diese vermeintlich schnelle Lösung gesucht. Erst bei näherer Betrachtung stellt man fest, dass die Wege des Wettbewerbers für das eigene Unternehmen nicht zwangsläufig erfolgversprechend sind. Deshalb sollten Sie vor dem Start analysieren, wie die Absatzstrategien Ihres Mitbewerbers sind.

▶   **Tipp** Der Besuch von Messen und die Gespräche mit Kunden und Lieferanten geben zumeist Aufschluss über die Strategien der Mitbewerber. Prüfen Sie dabei, welche Ihnen bekannte Vorgehensweisen Sie vorfinden und welche ergänzenden Maßnahmen der Mitbewerber für das Zielland wählt. Werden diese am dortigen Markt akzeptiert oder sind sie eventuell sogar eine Voraussetzung für den Markteintritt?
     Ergänzend finden Sie im Webauftritt der Mitbewerber Hinweise zu Werbung (Abo z. B. von Newslettern), Preis- und Konditionenpolitik.
     Nicht zuletzt vermitteln Ihnen Publikationen in Fachzeitschriften, Messeauftritte, Plattformen o. ä. ein besseres Bild zur Werbestrategie des Mitbewerbers.

**Stärken und Schwächen Ihrer Mitbewerber**

In der Regel werden Sie die Stärken und Schwächen der wichtigsten Mitbewerber kennen. Entscheidend ist jedoch, ob diese auch für das jeweilige Exportland zutreffen. Fertigen Sie sich eine Checkliste an mit allen Ihnen bekannten Stärken und Schwächen und überprüfen Sie diese mit offenem Blick für den Zielmarkt.

▶   **Tipp** Aus den bereits erwähnten Informationen werden Sie wichtige Schlüsse ziehen können, welche Stärken und Schwächen Ihre Mitbewerber am Zielmarkt definieren. Prüfen Sie im Sinn des Markts, Ihres Produkts und der Machbarkeit in Ihrem Unternehmen, welche Maßnahmen zielführend sind. Nehmen Sie sich dabei nicht zu viel vor, sondern entwickeln Sie einen Plan mit Maßnahmen zum Markteinstieg und Ausbaustufen. Wann und unter welchen Voraussetzungen ist welche Ausbaustufe sinnvoll und möglich?

**Verdrängungs- oder Nischenmarkt**

Je nach Produkt und Zielgruppe wird sich Ihr Unternehmen eher in einem Verdrängungs- oder Nischenmarkt befinden. Und auch in einem Nischenmarkt kann es je nach Entwicklungsgrad zu einer Verdrängung kommen. Dies kann, muss jedoch nicht auf das Zielland zutreffen. Gehen Sie also nicht von der gleichen Situation im Zielland aus. Prüfen Sie, wie sich die Situation darstellt.

▶   **Tipp** Ein Verdrängungswettbewerb kann mit hohen finanziellen Aufwendungen verbunden und zusätzlich zeitintensiv sein. Ein Nischenmarkt kann überschaubarer sein. Oft bietet dieser jedoch eine eingeschränkte Kundenbasis. Fehler haben hier möglicherweise eine größere Tragweite und könnten Sie in Ihren Bemühungen zurückwerfen oder einen Markteintritt unmöglich machen. Unabhängig von Ihrer Marktsituation ist der Markteinstieg mit Startphase und Ausbau gut im Vorfeld zu planen und dabei auf das Unternehmen und seine Möglichkeiten anzupassen.

In Tab. 4.2 finden Sie einige wichtige Fragestellungen zur Mitbewerberanalyse im Zielland. Fertigen Sie diese für alle wichtigen Mitbewerber an. Die Liste kann je nach Unternehmen und Branche beliebig fortgesetzt werden und erhebt keinen Anspruch auf Vollständigkeit.

## 4.3   Politische, ökonomische, strukturelle Verhältnisse sowie eventuelle Eintrittsbarrieren

Jedes Geschäft birgt ein Risiko. Das ist für Sie als Unternehmer nichts Neues. Im Hinblick auf Auslandsgeschäfte werden Sie jedoch mit neuen Gegebenheiten konfrontiert, wie z. B. andere Rechtsbereiche, unbekannte Handelspraktiken, andere klimatische

**Tab. 4.2** Mitbewerberanalyse zur Ermittlung von Stärken und Schwächen, Marktposition, Distribution und Marketing

| | |
|---|---|
| Allgemeine Informationen zu Mitbewerbern | Namen, Standort<br>Wie viele Personen sind tätig?<br>Sind Umsatzzahlen zu ermitteln? (Bilanzen z. B. verfügbar?) |
| Sortimentspolitik | Vertreibt der Mitbewerber ein (Ihnen bekanntes) Vollsortiment?<br>Eventuell nur ein Teilsortiment?<br>Bei Teilsortiment: Konzentration auf welche Produkte? |
| Preispolitik | Wie ist das Preisniveau im Vergleich zum Heimatmarkt?<br>Ist ein allgemeiner Auf-/Abschlag im Vergleich zu Deutschland erkennbar? |
| Konditionenpolitik | Welche Rabatte/Boni werden angeboten?<br>Welche Zahlungsbedingungen?<br>Welche Qualitätsversprechen werden gemacht?<br>Wie ist die Retourenpolitik? |
| Vertriebspolitik | Vertrieb über Niederlassung/Händler/Vertreter?<br>Welche Ziel-/Kundengruppen werden (nicht) angesprochen?<br>Vertrieb mithilfe von Katalogen?<br>Vertrieb über Online-Shop?<br>Vertrieb auch über Messen, Verkaufsevents?<br>Lager im Zielland vorhanden: ja/nein? |
| Marketingpolitik und Diverses | Welche weiteren Serviceleistungen werden angeboten (z. B. Montage, Revisionen)<br>Welche Marketingaktionen macht der Mitbewerber, wie z. B. Newsletter, Preisausschreiben, Roadshows, PR-Anzeigen usw. |

Verhältnisse, fremde Währungen, andere Zahlungsziele, höhere Transportzeiten, Sprachprobleme, Zeitunterschiede usw. Dadurch erhöht sich Ihr Risiko als Unternehmer. Eine fundierte Analyse vor Markteintritt ist daher unbedingt zu empfehlen. So werden Sie in die Lage versetzt, mögliche Störfälle zu erkennen, zu vermeiden, zu minimieren und, soweit möglich, abzusichern. Seien Sie sich bewusst, dass dies aufgrund der Distanz zum Zielmarkt mit mehr Aufwand in Ihrem Unternehmen verbunden ist, als Sie es von Ihrem heimischen Markt kennen. Nachfolgend finden Sie einige Anregungen für Ihre Risikoanalyse. Einzelne Kriterien können je nach Produkt, Zielmarkt usw. für Ihr Unternehmen unterschiedliche Priorität haben.

**Politische Verhältnisse**
- Politische Unruhen und Krieg
- Handelsblockaden (z. B. Boykott, Beschlagnahmung)
- Konvertierungs- und Transferrisiko (KT-Risiko; kein Devisenumtausch, keine Auslandszahlungen)
- Zahlungs- und Moratoriumsrisiko (ZM-Risiko; Zahlungsunfähigkeit eines Landes oder verzögerte Zahlung von Devisengeschäften)

**Wirtschaftliche Verhältnisse**
- Wirtschaftliche Entwicklung des Ziellandes
- Wirtschaftliche Kennzahlen (z. B. Inflationsrate, Arbeitslosenquote, Pro-Kopf-Einkommen)
- Währungsrisiko
- Verkaufspreisniveau
- Ausgaben der öffentlichen Hand
- Wirtschaftliche Stärke Ihrer Zielgruppen, Ihrer Partner und Kunden
- Tarifäre Handelshemmnisse (Zölle)
- Nichttarifäre Handelshemmnisse (z. B. Importkontingente, staatlich festgelegte Mindest- oder Höchstpreise)

**Strukturelle Verhältnisse**
- Geografische und klimatische Gegebenheiten
- Infrastrukturverhältnisse (z. B. schlecht ausgebautes Verkehrsnetz)
- Andere Religion, andere Sitten und Gebräuche
- Andere Verbrauchsgewohnheiten (z. B. Farben, Geschmack)
- Sprache mit ihren Besonderheiten (z. B. Ansprache in Österreich – immer mit Titeln)
- Ausbildung und Qualifikationen (z. B. für Mitarbeiter)

**Rechtliche Barrieren**
- Rechtssicherheit (z. B. mangelnder Investitionsschutz, Vorschriften zu Beteiligungsquoten bei Joint-Venture-Unternehmen usw.)
- Andere Rechtsbereiche (z. B. amerikanisches Recht, englisches Präzedenzrecht)
- Handels-, Steuer-, Wettbewerbsrecht
- Erwerbsrecht
- Gewerbliche Schutzrechte (z. B. Patentschutz)
- Datenschutzrechte
- Arbeitssicherheit
- Gleichstellungsgesetze (z. B. Mindestlöhne, Entsendungsvorschriften)
- Produktrechtliche Vorgaben und Gesetze (z. B. Medizinprodukte, Lebensmittel usw.)

**Weitere Barrieren**

- Technische Barrieren (z. B. Normen, Maße und Gewichte, Gebräuche)
- Kulturelle Barrieren (z. B. Mentalitäten als soziales Phänomen; [4])

Die vorstehenden Auflistungen können Ihnen als Anregungen für Ihre Risikoanalyse dienen. Ein Anspruch auf Vollständigkeit wird hier nicht erhoben, es kann z. B. produktspezifische Besonderheiten geben, die speziell für Ihr Unternehmen und Ihren Markt gelten.

---

**Wie auch bei Geschäften am Heimatmarkt unterscheidet man zwischen abwälzbaren und nicht abwälzbaren Risiken [5]**

**Nicht abwälzbar sind**

- Absatzrisiko (keine Käufer für Ihr Produkt)
- Preisrisiko (Produkt ist preislich nicht wettbewerbsfähig)
- Abwicklungsrisiko (z. B. Formfehler bei Dokumentenabwicklung im Zahlungsverkehr)

**Abwälzbar sind**

- Währungsrisiko (Verluste durch Kursschwankungen)
- Transportrisiko
- Wirtschaftliches Risiko (seitens des Käufers)
- Politisches Risiko (liegt ursächlich im Importland)

---

**Möglichkeiten zur Risikominimierung**

**Währungsrisiko** Dieses Risiko bezieht sich z. B. darauf, die Kaufpreiszahlung nach Möglichkeit in Euro zu vereinbaren bzw. auf die Einrichtung eines Fremdwährungskontos [6].

**Transportrisiko** Kontaktieren Sie einen erfahrenen Spediteur, der über ausreichend Kenntnisse zu Ihrem Zielland, Ihren möglicherweise empfindlichen Produkten (z. B. Kühlprodukte) und über den gewünschten Transportweg (Land, See, Luft) verfügt.

Weiterhin ist der Abschluss einer Transportversicherung pauschal für alle Transporte eines Unternehmens oder für Einzeltransporte zu empfehlen. Beachten Sie Meldepflichten und Haftungsausschlüsse.

Hier empfiehlt sich auch der sichere Umgang mit den Incoterms®, die den Kosten- und Gefahrenübergang im internationalen Handel eindeutig regeln. Laut herrschender Rechtsauffassung sind diese für jeden Kaufvertrag zu regeln. Im Schadensfall wird Ihr Versicherer die Havarie auf dieser Basis regeln. Durch die Incoterms® werden Interpretationsspielräume eindeutig ausgeschlossen.

Eine Übersicht der aktuell gültigen Incoterms® 2010 ist im Anhang beigefügt (Abschn.13.5). Weitere Darstellungen sind dazu auch im Internet erhältlich, z. B. unter www.iccgermany.de.

**Zahlungsrisiko** Es empfiehlt sich Zahlung z. B. per Vorkasse oder unwiderruflichem, bestätigtem Akkreditiv. Kontaktieren Sie auch international tätige Auskunfteien oder die Außenhandelskammern (AHKS) zur Bonitätsprüfung. Grundsätzlich sind hier auch die politischen Risiken mit ihren Folgen (z. B. Moratorium) zu beobachten. Auch ein Akkreditiv ist hier kein Allheilmittel, wie weitverbreitet angenommen wird. Ihre Bank sollte international erfahren sein und kann kompetente Hilfestellung leisten.

Für Finanzierungen ist auch die AKA-Ausfuhrkreditgesellschaft mbH (Frankfurt am Main) oder die Kreditanstalt für Wiederaufbau (Frankfurt am Main) Ansprechpartner.

**Zölle und Importkontingente** Klären Sie die Zollbestimmungen bzw. Importkontingente mit den lokalen Zollbehörden (z. B. über Zollagenten und Speditionen) und der zuständigen Industrie- und Handelskammer.

**Politische Risiken** Können über eine Exportkreditversicherung abgedeckt werden, z. B. die staatliche Institution Euler Hermes Kreditversicherungs-AG in Hamburg.

**Strukturelle Barrieren** Strukturelle Verhältnisse – sollten Sie z. B. über vorhandene Geschäftskontakte oder lokale Außenhandelskammern klären (s. Abschn. 4.3).

**Schulung der internen Mitarbeiter** Es gibt zahlreiche Beratungsprofis und auch die Handelskammern und Fachverbände bieten wertvolle Unterstützung.

Auskünfte und Unterstützung zu allen Themen bieten Banken, Steuerberater, Speditionen, Außenhandelskammern, Verbände usw. – Nutzen Sie diese Auskunftsstellen! Der finanzielle Aufwand ist überschaubar.

## 4.4  Compliance: Ausgangssituation und Entwicklungen

Ursprünglich stammt dieser Begriff aus der Finanzwirtschaft. Heute umfasst Compliance jedoch alle Maßnahmen eines Unternehmens, seiner Mitarbeiter und Organe zur Einhaltung aller rechtlichen und unternehmenseigenen Gebote und Verbote. Compliance betrifft alle Abläufe und Prozesse im Unternehmen, und nicht zuletzt aufgrund der strafrechtlichen Konsequenzen sind heute alle Unternehmen in der Pflicht, sich damit auseinanderzusetzen – auch wenn es nicht wertschöpfend erscheint. Es handelt sich hier nicht um eine Modeerscheinung, der man sich am Rande widmen kann. Betroffen sind alle Aktivitäten auf dem nationalen Markt genauso wie im Auslandsgeschäft. Es wird allgemein empfohlen, einen Compliance Officer im Unternehmen zu etablieren, der direkt der Geschäftsleitung unterstellt ist. Grundsätzlich ist die Erschließung von Exportmärkten Chefsache. Aufgrund des strategischen Ansatzes müssen daher Anfangsschwierigkeiten immer seitens der Geschäftsleitung begleitet werden. Mit kurzfristigen Erfolgen ist nicht zu rechnen. Das Thema Compliance ist sehr umfangreich und dieses Kapitel vermittelt Ihnen einen Überblick über wichtige Themen für das Auslandsgeschäft. Branchen- und unternehmensspezifische Themen können über zahlreiche Seminarangebote und Informationsveranstaltungen vertieft werden.

**Zoll- und Außenwirtschaftsrecht**

Das Zoll- und Außenwirtschaftsrecht sind komplexe Materien, die eine große Tragweite für das Gesamtunternehmen haben. Deshalb sind hier gut geschulte Mitarbeiter, die in engem Austausch mit den Zollbehörden stehen, wichtig.

Entscheidend ist es, Risikofaktoren zu erkennen, Maßnahmen zu ergreifen, Abläufe zu definieren und zu dokumentieren, um die Nachhaltigkeit abzusichern.

> **Die Compliance bzw. Regelkonformität in diesem Bereich umfasst im Einzelnen**
> - die Absicherung der internationalen Lieferkette (Security Supply Chain),
> - die Exportkontrolle mit Embargos und Maßnahmen zur Terrorbekämpfung sowie
> - das komplette Risikomanagement des Zoll- und Außenwirtschaftsrechts, d. h. das Erkennen von Risiken, das Ergreifen von Maßnahmen und die Gestaltung von Abläufen.

Die Zollabwicklung kann grundsätzlich im Normalverfahren oder im Rahmen vereinfachter Verfahren durchgeführt werden. Letztere sind i. d. R. antrags- und bewilligungsbedürftig. Hier kennt man z. B. den zugelassenen Ausführer (ZA), das vereinfachte Anmeldeverfahren (VAV), den zugelassenen Empfänger (ZE) oder Versender (ZV), den ermächtigten Ausführer (EA) oder den zugelassenen Wirtschaftsbeteiligten (ZWB) bzw. AEO (Authorised Economic Operator). Nicht jeder Status ist für Ihr Unternehmen sinnvoll. Letztendlich ist dies abhängig z. B. von der Anzahl der Zollanmeldungen (Ein-/Ausfuhr), der Anzahl der Fälle mit präferenzbegünstigtem Ursprung und dem Risiko, das Sie und Ihre Mitarbeiter übernehmen können.

Sie sollten sich bewusst sein, dass vorsätzliche Verstöße gegen das Exportkontrollrecht grundsätzlich als Straftat verfolgt werden (§§ 17 und 18 des Außenwirtschaftsgesetzes). Sie können mit Geld- und Freiheitsstrafen bis zu zehn Jahren belegt werden. Fahrlässige Verstöße können als Ordnungswidrigkeit eingestuft und mit einer Geldbuße von bis zu 500.000 € belegt werden. Im Wesentlichen wird es immer entscheidend sein, ob die Exportverantwortlichen einen Verstoß billigend in Kauf genommen haben oder ob es sich um einen groben Sorgfaltsverstoß handelt. Der dokumentierte Nachweis eines Exportkontrollsystems ist heute daher unabdingbar. Eine Aufsichtspflichtverletzung durch fehlende oder mangelhafte Organisation ist nach § 130 des Ordnungswidrigkeitengesetzes (OWiG) eine

Ordnungswidrigkeit, die mit einer Geldbuße bis zu einer 1 Mio. € belegt werden kann sowie mit der Anordnung des Verfalls von Vermögensvorteilen. Dies erstreckt sich nach § 9 des OWiG auch auf gesetzliche Vertreter wie Vorstand oder Geschäftsführer. Haftungs-risiken bestehen auch seitens der verantwortlichen Mitarbeiter, wenn geltendes Recht nicht befolgt wird.

▶ **Tipp** Definieren Sie Verantwortlichkeiten eindeutig.

Kommen Sie der Pflicht zur Weiterbildung von Mitarbeitern sowie zur Dokumentation von Abläufen nach.

Auf sog. Dual-use-Produkte liegt ein gesonderter Fokus. Dabei handelt es sich um Güter, die sowohl militärisch als auch zivil eingesetzt werden können. Dies betrifft v. a. Chemikalien, Maschinen, Technologien, u. a. auch Software.

Es empfiehlt sich eine Kontaktaufnahme mit den zuständigen Zoll-behörden. Zahlreiche Informationen zu Verantwortlichen, möglichen Buß-geldverfahren bzw. Straftaten, Angaben zur Lieferkette sind vorzulegen.

Ihre zuständige Industrie- und Handelskammer sowie vielfältige Beratungsunternehmen können Ihnen ebenfalls in Sachen Zollrecht und Mit-arbeiterschulung wertvolle Unterstützung anbieten.

**Steuerrecht**

An dieser Stelle soll und kann das Steuerrecht nicht in seiner Vielfalt betrachtet wer-den, umso mehr, als es laufend Änderungen unterliegt. Auswirkungen auf Ihr Unter-nehmen sollten stets mit dem Steuerberater diskutiert werden. Unterschätzen Sie nicht notwendige Anpassungen in Ihrer Organisation und damit benötigte Ressourcen in Ihren Fachabteilungen wie IT, Einkauf, Vertrieb und Logistik. Nachfolgend nur einige Hin-weise zu Themen, die erfahrungsgemäß immer wieder vernachlässigt werden.

**Prüfung Umsatzsteueridentnummer** An dieser Stelle wird auf Erklärungen zur Erlangung einer Umsatzsteueridentnummer (USt-ID) verzichtet. Bei Bedarf erhalten Sie dazu Auskünfte über Ihren Steuerberater oder einschlägige Literatur. Dieses Kapitel kon-zentriert sich auf Ihre Prüfungspflicht als Exporteur. USt-ID werden für Ausfuhren an gewerbliche Kunden in andere EU-Mitgliedstaaten benötigt, damit die Lieferung mehr-wertsteuerbefreit erfolgen kann. Als Exporteur sind Sie verpflichtet, diese bei Ausfuhr auf ihre Gültigkeit zu überprüfen. Dies kann online in einem zweistufigen Verfahren über das Bundeszentralamt für Steuern erfolgen[1].

**Wichtig** Bei der zweiten Stufe dieser Prüfung handelt es sich um das sog. quali-fizierte Bestätigungsverfahren. Bewahren Sie diese per Post zugestellten Belege gut

---

[1]Online verfügbar unter: https://www.bzst.de/DE/Steuern_International/USt_Identifikationsnummer/ USt_Identifikationsnummer_node.html

und nachvollziehbar für etwaige Prüfungen auf! Eine einmalige Prüfung der USt-ID
bei Kundenanlage im Warenwirtschaftssystem ist *nicht* ausreichend. In der Tat ist diese
Prüfung vor *jeder* Ausfuhr zu wiederholen. Besprechen Sie das für Ihr Unternehmen
pragmatische Vorgehen mit Ihrem Steuerberater, damit es bei Prüfung durch die Finanzbehörden Bestand hat. Auch Kollegenfirmen oder Ihre örtliche Industrie- und Handelskammer können für einen Erfahrungsaustausch wertvoll sein.

In der Rechnung ist der Hinweis auf Steuerfreiheit aufzunehmen: „steuerfrei nach § 4
Nr. 1b UStG". Darüber hinaus sind die eigene USt-ID und die des Kunden anzugeben.
Auch hier ist Ihr Steuerberater eine wertvolle Unterstützung.

Für Lieferungen an Privatkunden sowie im Versandhandel gelten Sondervorschriften.
Neben einer Umsatzsteueranmeldung an das zuständige Finanzamt muss der Exporteur
für jedes abgelaufene Quartal eine weitere Zusammenfassende Meldung (ZM) an das
Bundesamt für Finanzen machen.

**EU-Dreiecks-/Reihengeschäfte** Dabei handelt es sich um Aufträge, bei denen der
Grenzübertritt in der EU im Auftrag des Exporteurs vorgenommen wird und nicht durch
den Exporteur selbst. Sehr häufig trifft man dies im Versandhandel an. Im Rahmen der
heutigen Globalisierung kann es jedoch auch Unternehmen bzw. Lieferanten betreffen,
die ihre Fertigungsstätten im Ausland haben. Hier gibt es gesonderte Regelungen bei
der Anwendung des gültigen Mehrwertsteuersatzes. Es empfiehlt sich die Kontaktaufnahme mit Ihrem Steuerberater, um die gesetzlichen Besonderheiten organisatorisch und
IT-technisch im Unternehmen belastbar umzusetzen.

**Verrechnungspreisdokumentation** Erstellen Sie diese in enger Zusammenarbeit
mit Ihrem Steuerberater, damit alle gesetzlichen Vorgaben eingehalten werden. Ein für
die Finanzbehörden nachvollziehbarer und belegbarer Nachweis zur Gestaltung der
Verkaufspreise bezüglich Produkten und Dienstleistungen ist bei Betriebsprüfungen
unerlässlich und jährlich zu aktualisieren. Im Konzernkontext muss die Preisgestaltung
dem Drittvergleich (mit anderen gleich gearteten Unternehmen) standhalten. Sollten
Sie Auslandsfilialen unterhalten bzw. planen, so müssen je nach Betriebsgröße und den
Ländergegebenheiten auch dort Verrechnungspreisdokumentationen erstellt werden.
Sprechen Sie dazu Ihren örtlichen Steuerberater an.

**Korruption**
Andere Länder, andere Sitten! Wer kennt diesen Ausspruch nicht? Leider ist dies nicht
zutreffend. Deutsche Staatsbürger unterliegen für Verstöße nach § 299 Abs. 1 Strafgesetz-
buch (StGB; Bestechlichkeit im geschäftlichen Verkehr) auch im Ausland dem deutschen
Gesetzgeber. Andere Handhabungen, wie im Ausland übliche kleine Geschenke zur Vor-
teilsnahme, sind kein Argument und können in der Bundesrepublik zur Rechtsverfolgung
führen mit Freiheitsstrafen bis zu drei bzw. fünf Jahren in besonders schweren Fällen. Die
Höhe der Zuwendungen ist im Fall der Rechtsverfolgung irrelevant. Darunter fallen auch

immaterielle Zuwendungen wie z. B. Vergabe von Titeln (Dr. h.c., Ehrungen). Berücksichtigt wird hier lediglich der Aspekt der Sozialadäquanz, d. h. kleine Zuwendungen im Rahmen allgemeiner Werbegeschenke in Verbindung mit der Stellung. Dieser Aspekt wird jedoch nicht grundsätzlich für das Ausland berücksichtigt.

**Beispiel: Abholung mit dem Dienstwagen** Für ein Vorstandsmitglied mag dies als sozial adäquat gelten. Nicht jedoch für den Einkäufer, der letztendlich auch in Deutschland nicht mit einem Dienstwagen abgeholt wird.

Über Transparency International www.transparency.de bzw. www.transparency.org erhalten Sie Informationen zu diesem Thema auch zu einzelnen Ländern.

In den vergangenen Jahren sehen wir eine vermehrte Ahndung zur Eindämmung der Korruption, wie auch der Tagespresse immer wieder zu entnehmen ist.

**Verbraucherschutz**

Hier kennen Sie vom heimischen Markt zahlreiche Bestimmungen, z. B. Kennzeichnungs- und Informationspflichten (Textil, Lebensmittel, Medikamente und medizinische Produkte, Elektroartikel, Spielwaren usw.). Nicht zu vergessen sind Datenschutzbestimmungen, die – übergreifend für die EU und auch in anderen Ländern – eindeutig geregelt sind. Verstöße werden zumeist mit hohen Geldbußen belegt. Online- und Offline-Maßnahmen bzw. -Vorgehen müssen nicht identisch sein.

Gerade der Versandhandel, und speziell der Cross-Border-Handel, ist in den vergangenen Jahren verstärkt in die Pflicht genommen worden. Transparenz (z. B. zu Versandkosten und Datenverwendung) ist hier eine Grundvoraussetzung.

In Europa gab es in der Vergangenheit v. a. in Deutschland und der Schweiz ein engmaschiges Monitoring, das weiter ausgebaut wird. Dies wird jedoch jetzt auf alle EU-Länder ausgerollt. Auch die Schweiz ist im Wandel begriffen und beobachtet, wie sich die EU-Staaten aufstellen. Und selbstverständlich gehen auch andere Märkte ihre Wege, die unbedingt beachtet werden müssen.

Es empfiehlt sich hier sehr genau zu recherchieren. Dazu gibt es die Fachverbände, Steuerberater, die Industrie- und Handelskammern mit ihren Außenhandelskammern und natürlich auch kompetente Beratungsunternehmen. Überlassen Sie hier nichts dem Zufall und gehen Sie nicht von den deutschen Gegebenheiten aus.

**Produkte**

Die einschlägigen Vorschriften für Ihre Güter und Dienstleistungen zu Themen wie Produktkennzeichnungsgesetz, bestehende Normen und Zertifikatspflichten sind Ihnen bereits vom heimischen Markt bekannt. Gerade Medizinprodukte, Lebensmittel, Spielwaren und andere Produkte, die in sensiblen Bereichen eingesetzt werden, unterliegen seit Jahren einem besonderen Fokus und die Vermeidung von Schadstoffen ist heute Grundvoraussetzung für das Inverkehrbringen von Waren. In den vergangenen Jahren hat das Thema Nachhaltigkeit zur Schonung von Ressourcen einen nicht zu vernachlässigenden Stellenwert bei uns eingenommen und wird sicherlich noch weiter an Bedeutung gewinnen. Dazu gehört auch die gesetzlich vorgeschriebene Vermeidung von Schadstoffen für bestimmte Produkte je nach ihrem Einsatzzweck. Und allen Unternehmen sollten die Vorgaben zur Entsorgung von Batterien, Elektroschrott und Verpackung bekannt sein.

Auch in anderen Ländern, wie z. B. in Skandinavien, sind diese Themen sehr präsent bzw. nehmen an Bedeutung zu. Deshalb ist es erforderlich, die Umsetzung in anderen EU-Staaten bzw. in Ihren Zielmärkten zu prüfen und zu regeln. Dabei werden Sie feststellen, dass es selbst innerhalb der EU unterschiedliche Vorgehensweisen und Abrechnungssysteme gibt. Auch im Cross-Border-Handel, ob online oder offline, können Sie sich dem nicht verschließen. Das heißt, auch in Ihren Zielmärkten sind Sie verpflichtet, z. B. Abfallentsorgungsorganisationen beizutreten. Es gibt heute bereits Firmen, die zentral für Europa für Sie Anmeldung und Abwicklung übernehmen. Dies kann natürlich nur auf Basis Ihres vorhandenen Datenbestands erfolgen.

Je nach Abnehmern und Produktgruppen hat in den vergangenen Jahren auch vermehrt die Forderung nach ethischen Grundsätzen Einzug gehalten. Dies heißt nicht, dass den Unternehmen ethische Grundlagen in ihrem Geschäftsgebaren in Abrede gestellt werden, sondern vielmehr, dass der Ruf v. a. im Hinblick nach Vermeidung von Kinderarbeit sowie die Einhaltung der Vorschriften der Internationalen Arbeitsorganisation (ILO) in der gesamten Lieferkette laut geworden ist. Dies ist sicherlich eine anerkennenswerte Entwicklung in unserer Gesellschaft, wenn man sich verantwortungsbewusst mit den Gegebenheiten im Erzeugerland auseinandersetzt.

Die ILO blickt auf eine lange Tradition zurück, wurde 1919 gegründet (Friedenskonferenz Versailles) und ist seit 1949 als eine UN-Sonderorganisation mit Sitz in Genf, Schweiz, tätig. Ihre Aufgabe ist die Entwicklung von internationalen Arbeitsstandards. Dazu gehören beispielsweise auch das Versammlungsrecht der Arbeitnehmer und das Thema Kinderarbeit.

Der Beitritt zu Abfallentsorgungsunternehmen v. a. im EU-Ausland ist heute unumgänglich. Andere Zielmärkte sind zu prüfen. Aufgrund der mitunter sehr unterschiedlichen Vorgaben zu erforderlichen Daten und ihrer Aufbereitung ist eine Kontaktaufnahme mit o. g. Unternehmen, die in Ihrem Auftrag die Meldungen an die Länderorganisationen vornehmen, empfehlenswert. Diese finden Sie im Internet oder auch über Industrie- und Handelskammern.

Die Lieferkette nach ILO-Vorschriften zu schließen ist eine große Herausforderung. Eine Möglichkeit ist die Verankerung in Lieferantenverträgen. Die Kontrolle vor Ort, also in den Erzeugerländern, ist z. B. bei Inaugenscheinnahme vor Ort im Rahmen Ihres Sourcings durchführbar oder durch einschlägige Unternehmen, welche die Einhaltung Ihrer Qualitätsstandards vor Ort prüfen.

Darüber hinaus gibt es zahlreiche Anforderungen an Ihr Produkt, die Sie bei der Auswahl des Zielmarkts berücksichtigen sollten. Hier nur ein paar Beispiele wichtiger Aspekte:

- Wertvorstellungen
- Geschmack
- Haltbarkeit (Klima, Entfernungen)
- Etikettierungen
- Elektrogeräte: Stecker, Spannung, Sicherheitsvorschriften
- Medizinische/pharmazeutische Produkte: Medizinproduktgesetzgebungen, Arzneimittelgesetze

Zu wertvollen Checklisten sei hier auf den Abschn. 13.1 „Checkliste Produktanforderung" sowie auf weiterführende Literatur verwiesen [6, 7].

**Organisatorische Besonderheiten**

Exportaktivitäten stellen hohe Anforderungen an die Organisation. Abgesehen von den Themen in den vorgenannten Kapiteln müssen Sie sich als Exporteur weiterer organisatorischen Handicaps stellen. Dazu gehören z. B. Antiterrorlisten. Sicherlich ist nicht unbekannt, dass die USA zahlreiche Sanktionslisten aller Art führen und die weltweite Gültigkeit des Exportkontrollrechts beanspruchen.

Die EU kommt dieser Forderung nach und hat im Rahmen der Antiterrorverordnungen die sog. Common-Foreign-and-Security-Policy(CFSP)-Liste erstellt. Diese ist in der EU Wegweiser für den Cross-Border-Handel. Sie enthält alle Personen, Unternehmen und Organisationen, gegen die Finanzsanktionen verhängt wurden.

Stellen Sie sicher, dass bereits mit Kundenanlage in Ihrem Warenwirtschaftssystem, spätestens jedoch mit Rechnungsstellung, ein Abgleich mit der CFSP-Liste erfolgt. Zahlreiche Unternehmen bieten dazu ihre Dienste an. Die Listen erhalten Sie jedoch auch über das Bundesamt für Wirtschaft und Ausfuhrkontrolle (BAFA).

**Entsendungen von Mitarbeitern ins Ausland**

Grundsätzlich unterliegen die Unternehmen den Vorschriften des jeweiligen Landes und der Bundesrepublik Deutschland. In den EU-Staaten, der Schweiz und auch in anderen Ländern gelten diese Regelungen grundsätzlich für *alle* Aufenthalte mit gewerblichem Zweck. Sollten Sie Entsendungen planen, so sprechen Sie mit Ihrem Steuerberater und/ oder den Außenhandelskammern (AHK) der Industrie- und Handelskammern. Dort kann man Sie mit den notwendigen Formalitäten der Behörden beider Länder zu arbeitsrechtlichen, steuerlichen und sozialversicherungsrechtlichen Notwendigkeiten fachkundig unterstützen, damit Sie und Ihre Mitarbeiter bei Aufenthalten vor Ort abgesichert sind.

Aufgrund der nationalen Bemühungen zur Eindämmung der Schwarzarbeit, zur Einhaltung der gesetzlichen Mindestlöhne und der Sozialversicherungspflicht sind Entsendungen in den vergangenen Jahren immer mehr in den Fokus gerückt. Prinzipiell gibt es selbst in der EU keine einheitlichen Regelungen, es gelten die jeweiligen Ländervorschriften. Erfahrungsgemäß werden diese von Unternehmen gerade für kurzfristige Aufenthalte leicht unterschätzt bzw. schlichtweg aus Unkenntnis vernachlässigt. Die Folge dieser Bestrebungen ist es, dass es oft umfangreiche Beschränkungskataloge gibt, welche Tätigkeiten vom Handwerker bis zum Vorstandsvorsitzenden ohne Formalitäten erlaubt sind oder nicht. Geschäftliche Besprechungen ohne weitere Dienstleistung und ohne Abschluss von Kaufverträgen sind i. d. R. davon ausgenommen. Kurzfristige Messeaufenthalte sind z. B. in Österreich von der Meldepflicht ausgenommen. Dies gilt jedoch nicht für die Schweiz.

Die Außenhandelskammern und Steuerberater können Ihnen mit Rat und Tat zur Seite stehen. In der Praxis zeigt es sich, dass zwischenzeitlich Inspektoren die Einhaltung der Regelungen vor Ort, z. B. auf Baustellen und Messen, kontrollieren. Aus persönlicher Erfahrung ist weiterhin zu berichten, dass die Beachtung von Vorlauffristen zwischen Meldung und Aufenthalt sowie das Mitführen von Papieren ein Muss sind! Achtung: Zuwiderhandlungen werden als Ordnungswidrigkeiten behandelt und mit Bußgeldern – teils in nicht unerheblicher Höhe – belegt. Schwarzarbeit wird i. d. R. nicht als Kavaliersdelikt, sondern als Straftatbestand eingestuft. In der Schweiz ist es nach Auskunft der Außenhandelskammer auch zum sofortigen Verweis von Mitarbeitern vom Messestand gekommen, da notwendige Meldungen fehlten und Nachweise nicht mitgeführt wurden. Zusätzlich wurden Bußgeldverfahren eingeleitet.

Prüfen Sie deshalb die Notwendigkeit von Meldungen und stellen Sie die organisatorischen Abläufe und Zuständigkeiten im Unternehmen über Dokumentationen nachhaltig sicher. Seien Sie darauf vorbereitet, z. B. für Österreich und die Schweiz selbst Auskunft über Gehälter in den Meldungen geben zu müssen. Umso wichtiger ist es, dass Sie damit verbundene datenschutzrechtliche Erfordernisse in Deutschland ebenfalls berücksichtigen. Teils sind Unterlagen vom Arbeitnehmer selbst beim Einsatz mitzuführen.

Die Behörden bieten für Meldungen i. d. R. Online-Portale an.

## Literatur

1. Brenner H, Fuchs B, Gailler S, Sefrin M (2017) 66 Checklisten für den Export, 2. Aufl. Bundesanzeiger, Köln, S 42
2. Scheuring H (2002) Adressen. In: Brenner H, Würth R (Hrsg) Erfolgreiche Geschäfte in EUropa. Deutscher Wirtschaftsdienst, Köln, S 524–534
3. Brenner H, Fuchs B, Gailler S, Sefrin M (2017) Checklisten II: Welche exportvorbereitenden Maßnahmen sind einzuleiten? 10: Informationsstellen und deren Leistungsangebot. In: Brenner H, Langenhagen A (Hrsg) 66 Checklisten für den Export, 2. Aufl. Bundesanzeiger, Köln, S 37–40
4. Ivens BS (2002) VI Interkulturelles und Sprachen. In: Brenner H, Würth R (Hrsg) Erfolgreiche Geschäfte in EUropa. Deutscher Wirtschaftsdienst, Köln, S 497–505
5. Scheuring H (2003) 8 Risiken im Auslandsgeschäft und deren Absicherung. In: Brenner H, Gößl M, Scheuring H (Hrsg) Export für Einsteiger. Deutscher Wirtschaftsdienst, München, S 109–114
6. Brenner H, Fuchs B, Gailler S, Sefrin M (2017) Checklisten 22: Risikoabsicherung. In: Brenner H, Langenhagen A (Hrsg) 66 Checklisten für den Export, 2. Aufl. Bundesanzeiger, Köln, S 73–77
7. Brenner H, Fuchs B, Gailler S, Sefrin M (2017) Checklisten II: Welche exportvorbereitenden Maßnahmen sind einzuleiten? 14: Produktanforderung. In: Brenner H, Langenhagen A (Hrsg) 66 Checklisten für den Export, 2. Aufl. Bundesanzeiger, Köln, S 49–51

# Markteintrittsstrategien: Alternative Vertriebsmöglichkeiten und deren Besonderheiten

5

**Zusammenfassung**

Sobald sich Unternehmen entschließen, ihre Produkte zu exportieren, und der/die Märkte ausgewählt sind, ist als nächster Schritt der Vertrieb anzugehen. Manchmal entscheidet hier der Zufall und die Freude über den kurzfristigen Erfolg täuscht über die langfristig notwendige Strategie hinweg. Denn je nach Sortiment, spezifischen Gegebenheiten auf dem Auslandsmarkt und dem möglichen Budget ist eine Marktbearbeitung wie am Heimatmarkt nicht immer umsetzbar. Nicht selten ist es dann erforderlich, im Laufe der Jahre Kurskorrekturen vorzunehmen, neue Partner und/ oder neue Vertriebsformen zu definieren und umzusetzen. Ersparen Sie sich diese Umwege, die Geld und Zeitverluste bedeuten. Prüfen Sie deshalb im Vorfeld systematisch, welche Vertriebsform sich für Ihr Unternehmen auf dem Zielmarkt empfiehlt. Dieses Kapitel erläutert die klassischen Ansätze im Exportgeschäft mit ihren jeweiligen Vor- und Nachteilen sowie auch Sonderformen, die sich z. B. bei Marktreife anbieten. Nehmen Sie sich an der Stelle Zeit, den für Sie richtigen Weg auszuwählen, damit Sie den Anforderungen und Notwendigkeiten für Ihre Vermarktung – inklusive Variationen – gerecht werden. So sichern Sie sich Ihren langfristigen Erfolg.

## 5.1 Direkter und indirekter Export

**Direkter Export**

Von direktem Export spricht man im Fall von unmittelbarem Cross-Border-Handel von Produkten an Großhändler, Händler aller Art, Importeure oder auch an Endabnehmer. Letzteres kann je nach Produktpalette und Branche Business-to-Business (B2B) oder Business-to-Consumer (B2C) erfolgen.

© Springer Fachmedien Wiesbaden GmbH, ein Teil von Springer Nature 2019
H. Brenner und G. Haller, *Von der Analyse zum Global Player*,
https://doi.org/10.1007/978-3-658-10196-1_5

Innerhalb Europas ist dies heute ein beliebter Weg, da organisatorische und v. a. infrastrukturelle Gegebenheiten in ausreichendem Maß vorhanden sind. Es ist jedoch auch festzustellen, dass außerhalb Europas der direkte Export heute deutlich einfacher geworden ist. Exporteure nutzen hier zunehmend ihre Chancen, die sich durch moderne Kommunikationswege, Förderungen von Auslandsgeschäften, wie z. B. Auslandsmessen, heute bieten.

Voraussetzungen für diese Art des Vertriebs sind die Kenntnis des Auslandsmarkts, ein guter Zugang zu den Geschäftspartnern und nicht zuletzt eine fundierte Exportabwicklung mit gut geschultem und exporterfahrenem Personal. Die wichtigsten Vor- und Nachteile entnehmen Sie Tab. 5.1.

**Indirekter Export**
Von indirektem Export spricht man, wenn keine unmittelbare Beziehung zum Endabnehmer der Produktpalette besteht. Hier erfolgt der Export an klassische Exporthäuser oder z. B. über Exportkooperationen. Diese spezialisieren sich zumeist auf bestimmte Märkte, Produkte oder Branchen. In diesen Bereichen zeichnen sie sich durch profunde Marktkenntnisse und über langjährige Erfahrung in der Exportabwicklung aus. Hier liegt es an Ihnen, zu prüfen, ob das für Ihre Waren und Möglichkeiten sinnvoll sein kann. In der Tat wickeln Sie damit i. d. R. ein Inlandsgeschäft ab und Ihr Auslandspartner kümmert sich in eigener Verantwortung um alle Exportbelange vom Verkauf über Finanzierung bis hin zum Versand. Die wichtigsten Vor- und Nachteile entnehmen Sie Tab. 5.2.

Je nach Gegebenheiten und Budget kann der Start über ein klassisches Handelshaus mit seinen Stärken durchaus sinnvoll sein. Steigen die Nachfrage im Zielmarkt und der Bedarf des Unternehmens nach Markttransparenz, Image- und Markenaufbau sowie Einflussnahme auf Vertrieb und Marketing, ist der Ausbau auf direkten Export zu erwägen.

**Tab. 5.1** Vor- und Nachteile des direkten Exports [2]

| Vorteile | Nachteile |
|---|---|
| Markttransparenz (Kunden, Mitbewerber, Entwicklungen) | Importeur/Händler: Engagement nur begrenzt steuerbar, kein Image-/Markenaufbau |
| Eigener Image-/Markenaufbau | Schwierige Informationsbeschaffung über den Auslandsmarkt durch geografische Distanz |
| Schnelle Reaktion auf Marktänderung möglich | Abwicklungsrisiko |
| Wahrnehmung von Wachstumschancen bei geringem Einsatz von Kapital im Ausland | Finanzierungs- und Wechselkursrisiko |
| Keine Provisionszahlungen bei Vertrieb ohne Absatzmittler, d. h. höhere Margen | Hohe Kosten für Marketing und Vertrieb sowie für Partnersuche (Importeure, Großhändler) |
| Handelsvertreterrecht greift nicht bei Importeuren, Händlern oder Verkauf an Endabnehmer | Eigene Exportabwicklung erforderlich, gut geschultes Personal |

**Tab. 5.2**  Vor- und Nachteile des indirekten Exports

| Vorteile | Nachteile |
|---|---|
| Abwicklung wie bei Inlandsgeschäft | Keine Markttransparenz (Kunden, Mitbewerber, Entwicklungen) |
| Überschaubares Zahlungsrisiko | Kein Image-/Markenaufbau |
| Geringerer Organisationsaufwand | Geringe Steuerungsmöglichkeiten bei Marktänderungen |
| Geringe Kosten für Marketing und Vertrieb | Geringere Margen – Optimierungen kaum machbar |
| In der Regel kein Handelsvertreter, d. h. Handelsvertreterrecht kann vernachlässigt werden | Abhängigkeit vom Exporthandelshaus (Kontakte, Verkaufserfolge) |
| Keine Kundensuche erforderlich | In der Regel keine Lagerhaltung, kein Montageservice im Zielland durch das Exporthandelshaus |

## 5.2  Exportkooperationen

Bei kleinem Budget kann der Zusammenausschluss von mehreren kleineren Unternehmen in Form von Exportkooperationen durchaus ein pragmatischer Weg sein. Die wichtigsten Vor- und Nachteile entnehmen Sie Tab. 5.3.

> ▶ **Tipp** In Anbetracht der o.g. Nachteile ist eine Exportkooperation gut zu planen und offen zu diskutieren. Aufgrund unterschiedlicher Potenziale und Erfolgsaussichten der verschiedenen Unternehmen ist die Kostenverteilung oftmals schwierig und führt mittel- bis langfristig zu einer – teils auch gefühlten – Übervorteilung. Exportkooperationen müssen deshalb wohl durchdacht und vertraglich gut abgesichert sein. Nicht selten sehen Unternehmer eine Exportkooperation als Sprungbrett in einen Markt. Diese Sichtweise ist naturlich nicht unberechtlgt, In der Tat kann dies eine Möglichkeit des Markteinstiegs sein mit Ausbauchancen bei Erfolg. Darüber sollten sich alle beteiligten Unternehmen im Klaren sein.

**Tab. 5.3**  Vor- und Nachteile von Exportkooperationen

| Vorteile | Nachteile |
|---|---|
| Gemeinsame Durchführung von Marktstudien, Messen, Werbung | Unterschiedlich gelagerte Interessen und Know-how-Transfer als Konfliktpotenzial |
| Größere Produktpalette | Unterschiedliche Entwicklung der einzelnen Firmen (Kostenteilung!) |
| Gemeinsames Vertriebsnetz | Keine Koordination der Gruppe |
| Gemeinsame Nutzung von Infrastruktur (Büroräume, Montageservice usw.) | Ressourcen müssen auf alle beteiligten Unternehmen verteilt werden |

## 5.3    Direktinvestitionen

Die Direktinvestition stellt eine Sonderform im Exportgeschäft dar und bietet sich i. d. R. erst viele Jahre nach dem klassischen Einstieg in die Auslandsaktivitäten bei entsprechender Marktreife an. Dennoch erfolgt hier der Vollständigkeit halber ein kurzer Überblick über die Möglichkeit der Direktinvestitionen.

**Joint-Venture-Unternehmen (Gemeinschaftsunternehmen)**
Bei Joint-Venture-Unternehmen handelt es sich um eine Kooperation von mindestens zwei rechtlich und wirtschaftlich selbstständigen Unternehmen aus mindestens zwei Ländern. Ziel ist die gemeinsame Führung eines Unternehmens im Land des Joint-Venture-Partners. Die wichtigen Vor-/Nachteile entnehmen Sie Tab. 5.4.

Die Liste lässt sich sicherlich noch fortsetzen. Nicht unbeachtet lassen sollten Sie die Herausforderungen, die durch die Beteiligung mehrerer Geschäftspartner entstehen: Hier kann es sehr schnell zu Verständigungsproblemen und hohem Abstimmungsbedarf kommen, v. a. wenn, wie im Auslandsgeschäft, interkulturelle

**Tab. 5.4**  Vor- und Nachteile von Joint-Venture-Unternehmen

| Vorteile | Nachteile |
|---|---|
| Erschließung eines Auslandsmarkts über ein ortsansässiges Unternehmen | Kulturelle Konflikte mit Bezug auf Religion und Geschäftsgebaren und daraus resultierende Kommunikationsprobleme |
| Minimierung der Risiken durch einen Partner im Auslandsmarkt | Verhaltenskonflikte zum Führungsstil, Organisation und Entscheidungsbefugnissen/-hierarchien |
| Nutzung von Standortvorteilen wie z. B. geringeren Löhnen, Förderungen aller Art inklusive möglicher Steuervorteile | Zielkonflikte zu Markaufbau und -bearbeitung in den Bereichen Vertrieb und Marketing, zu Sortimenten, zur Gewinnverwendung |
| Transparenz am Auslandsmarkt | Sprachbarrieren |
| Mögliches Vorhandensein eines Vertriebsnetzes (Verkauf, Beratung, Abwicklung, Montage) | Beteiligungsquoten wie 50/50 resultieren schnell in Handlungsunfähigkeit |
| Vorhandenes produktbezogenes Know-how bei geringem Schulungsbedarf | |
| Einfache Informationsbeschaffung mit i. d. R. guten Steuerungsmöglichkeiten bei Marktänderungen | |
| In der Regel einfache Exportabwicklung durch eine Fakturaadresse vor Ort (Joint-Venture-Unternehmen) | |
| Wegfall von Diskriminierungen bezüglich Zoll, Steuer und Compliance durch Heimatvorteil | |

Aspekte und Sprachbarrieren noch eine zusätzliche Rolle spielen, die nicht zu unterschätzen sind.

▶  **Tipp** Nehmen Sie sich Zeit zur Vertragsgestaltung bei Prüfung von lokalen rechtlichen Gegebenheiten in Zusammenarbeit mit Rechtsanwälten beider Länder. Diese Investition wird Ihnen im Ernstfall hohe Ausstiegskosten vermeiden helfen.

Starten Sie die Geschäftsbeziehung erst nach Abschluss belastbarer Verträge. Je klarer und detaillierter Verträge formuliert sind, desto weniger Konfliktpotenzial bergen sie.

Vermeiden Sie Joint-Venture-Unternehmungen mit einer Beteiligungsquote 50/50. Am Ende muss eine Partei bzw. das Unternehmen handlungsfähig sein, um den Fortbestand der gemeinsamen Firma abzusichern.

Formulieren Sie Ausstiegsszenarien im Vertrag und vermeiden Sie Interpretationsspielräume.

Prüfen Sie von Zeit zu Zeit die Verträge und passen Sie diese neuen Situationen an.

Definieren Sie die Vertragssprache und sichern Sie die Abwicklungsmöglichkeit bei Nutzung einer Fremdsprache im Ernstfall ab (s. auch Kap. 8 „Nachhaltigkeit des Vertriebsaufbaus").

**Eigene Auslandsgesellschaft**

Die eigene Auslandstochter stellt eine Sonderform im Exportgeschäft dar. Ob sie dem klassischen Export vorgezogen werden sollte, ergibt sich i. d. R. erst bei entsprechender Marktreife oder aus strategischen Gründen. Entscheidend sein kann auch der Marktanteil am Auslandsmarkt und für Produktionsbetriebe, ob ein erheblicher Anteil der Produktion im Auslandsmarkt abgesetzt wird. Im Normalfall gibt es diverse Entwicklungsstufen, die zum Ausbau und zur Sicherung des Marktanteils in einer eigenen Niederlassung münden. Die wichtigen Vor-/Nachteile entnehmen Sie Tab. 5.5.

## 5.4 Ausländische Vertriebspartner: Entscheidungskriterien und Suchmethoden

Wenn Sie sich über die für Sie geeignete Vertriebsform im Klaren sind, kann die Suche nach dem geeigneten Vertriebspartner starten. Erfahrungsgemäß ist dies ein zeitaufwendiger Prozess und manchmal entscheidet der Zufall. Dies kann im ersten Moment hilfreich erscheinen. Trotzdem ist zu empfehlen, das systematische Vorgehen beizubehalten. Je nach Sortiment, Zielland und Ihrem strategischen Ansatz kann ein Absatzmittler, ein Handelsunternehmen oder auch der Direktvertrieb an den Endverbraucher sinnvoll sein. Nachstehend finden Sie die besonderen Merkmale und Einsatzbereiche von Distributoren und Agenten.

**Tab. 5.5**  Vor- und Nachteile einer eigenen Auslandsgesellschaft

| Vorteile | Nachteile |
|---|---|
| Aktive Marktbetreuung | Hoher Managementaufwand (Mutter- und Tochtergesellschaft) |
| Hohe Markttransparenz | Hohe Kosten für Vertrieb, Marketing und Organisation |
| Einfachere Informationsbeschaffung | Personalbeschaffung mit Vertragsgestaltung nach Ländervorschriften und in Landessprache |
| Gute Steuerungsmöglichkeiten – auch bei Marktänderungen | Lange Anlaufzeiten bis Erfolg |
| In der Regel einfache Exportabwicklung durch eine Fakturaadresse vor Ort (Joint-Venture-Unternehmen) | Steuerliche Aspekte zwischen Mutter- und Tochtergesellschaft – aufwendige Absicherung/Dokumentation erforderlich |
| Wegfall von Diskriminierungen bezüglich Zoll, Steuer und Compliance durch Heimatvorteil | Sinnvoll erst bei gewisser Marktreife |
| Gute Bewältigung kultureller Unterschiede durch lokale Mitarbeiter | |
| Kein Abstimmungsbedarf mit anderen Geschäftspartnern, keine Zielkonflikte | |
| Nutzung von Standortvorteilen wie z. B. geringeren Löhnen, Förderungen aller Art inklusive möglicher Steuervorteile | |

**Tab. 5.6**  Distributoren – Merkmale und Einsatzbereiche [3]

| Merkmale | Einsatzbereiche |
|---|---|
| Rechtlich selbstständiges Unternehmen | Massen-/Serienartikel |
| Kauf auf eigene Rechnung | Bei erforderlicher Lagerhaltung |
| Nicht weisungsgebunden | Bei vorhandener Verkaufsorganisation |
| In der Regel Zusammenarbeit auf Exklusivbasis | Bei Bedarf an Installationen und/oder Service |

**Distributoren**

Ein Distributor ist ein Händler bzw. Wiederverkäufer. Das heißt, hier handelt es sich um einen direkten Export. In Tab. 5.6. finden Sie einige wesentliche Merkmale und sinnvolle Einsatzbereiche.

▶   **Tipp**  Die genannten Merkmale haben eine Auswirkung auf Ihre Preis- und Rabattgestaltung, auf die Distributionspolitik, die Markttransparenz und Ihr Marketing. Entscheiden Sie, welche Einflussmöglichkeiten Sie aus strategischen Gründen haben möchten oder bedingt durch Ihr Produkt vielleicht unabdingbar erforderlich sind (s. auch Abschn. 5.1).

**Tab. 5.7** Agenten – Merkmale und Einsatzbereiche [3]

| Merkmale | Einsatzbereiche |
| --- | --- |
| Rechtlich selbstständig | Erklärungsbedürftige oder individualisierte Produkte |
| Vertritt i. d. R. verschiedene Firmen | Relativ kleiner/übersichtlicher Markt |
| Bedingt weisungsgebunden | Bei geringen Fixkosten für den Exporteur |
| Provisionsempfänger | Markt erfordert schnelle Rückmeldungen (z. B. Weiterentwicklung zu Produkten) |
| Bei Vertragsregelung: Geschäft auf fremden Namen und auf fremde Rechnung | |

**Agenten**

Ein Agent ist ein Handelsvertreter. Dies kann ein Alleinvertreter sein oder ein Bezirksvertreter, der in einem bestimmten Gebiet des Ziellandes tätig ist. Hier ist dringend zu empfehlen, sich mit dem Handelsvertreterrecht des Ziellandes auseinanderzusetzen. Eine Trennung kann langwierig und teuer werden. Auskunft dazu erteilen die Außenhandelskammern und örtliche Rechtsanwälte. Merkmale und übliche Einsatzbereiche für Agenten finden Sie in Tab. 5.7.

Die Vertragsbeziehung, ob die Geschäftsbeziehung zwischen Exporteur und Agent auf Basis des Handelsvertreterrechts erfolgt, ist nicht über eine Vertragsbezeichnung zu regeln. Entscheidend ist das Wesen der Tätigkeit inklusive seiner Entlohnung und der damit verbundenen Abhängigkeit vom Exporteur. Im Zweifelsfall werden darüber die Gerichte entscheiden.

Die Geschäftsbeziehung kann durch entsprechend formalisierte Berichterstattung transparent gestaltet werden. Hier empfiehlt es sich, klare Regelungen im Vertrag zu treffen.

Interessenkonflikte durch die Vertretung verschiedener Firmen können auftreten. Beispiele: Andere Sortimente bieten dem Agenten bessere Margen bzw. höhere Provision oder andere Produkte sind mit geringerem Aufwand zu veräußern.

**Zusammengefasst empfehlen sich folgende wesentlichen Entscheidungskriterien:**

- Wesen Ihres Sortiments bzw. Ihrer Zielgruppe
- Erforderliche Distributionsgebiete bzw. -dichte
- Kosten, d. h. mit Bezug auf Bearbeitungsaufwand, Provisionen im Verhältnis zur Leistung, Rabatte
- Kontrollmöglichkeiten: Steuerung, Einflussnahme auf Preise, Rabatte, Werbung, Markttransparenz
- Nachhaltigkeit: Abnehmer- und Kundentreue sowie Leistungsfähigkeit

Sobald Sie Ihre Kriterien definiert haben, können Sie sich auf die Suche nach potenziellen Partnern machen.

**Zur Adressbeschaffung bieten sich an:**
- Ihre Handelskammer bzw. die Außenhandelskammern
- Fachverbände Ihrer Branche
- Handelsvertreterverband
- Datenbanken der Bundesstelle für Außenhandelsinformationen (BfAI)
- Ländervereine
- Fachmessen: Ausstellerverzeichnisse und Messebesuche (Inland und Ausland)
- Städtepartnerschaften
- Lieferanten und sonstige Geschäftspartner
- Internetplattformen und Marktplätze
- Inserate in Fachzeitschriften
- Professionelle Headhunter/Vermittlungsagenturen

Letztendlich haben sich in der Praxis alle o.g. Quellen als wirkungsvoll erwiesen. Sicherlich ist der Kostenaufwand sehr unterschiedlich.

Mehr zur Vorgehensweise finden Sie unter Abschn. 6.2.

## 5.5    Integrität des potenziellen Partners als Faktor der Risikominderung

Die Integrität eines Partners ist ein wesentlicher Erfolgsfaktor. Wie ist sein Geschäftsgebaren? Wie ist er aufgestellt und am Markt akzeptiert? Auf Auslandsmärkten ist es nicht immer ganz leicht, diese Informationen zusammenzutragen. Deshalb nachfolgend einige Empfehlungen, welches stufenweise Vorgehen sich in der Praxis als nachhaltig erwiesen hat:

- Stufe 1: Zahlen – Daten – Fakten
- Stufe 2: Selbstauskunft
- Stufe 3: Reputation – Standing im Markt – Referenzen
- Stufe 4: Persönlicher Eindruck

**Stufe 1: Zahlen – Daten – Fakten**
Es stehen zahlreiche Möglichkeiten zur Informationsbeschaffung zur Verfügung, die unterschiedlich kostenintensiv sind, z. B. über

- Auskunfteien mit internationaler Ausrichtung,
- Außenhandelskammern (AHKs) – wenden Sie sich zur Kontaktvermittlung an Ihre zuständige IHK,
- Industrie- und Handelskammern – Gesprächskreise zu bestimmten Ländern bzw. Ländergruppen,

- Auslands- bzw. Ländervereine,
- Gesellschaft für internationale Zusammenarbeit GmbH (GIZ) mit Sitz in Bonn und Eschborn,
- Bankauskunft (sofern die Bankverbindung des Partners bekannt ist),
- Geschäftspartner.

▶   **Tipp** Bei Auskünften über offizielle Organe oder Unternehmen wird häufig im Ausland mit dem betreffenden Unternehmen vor Ort direkt Kontakt aufgenommen. Begründet ist dieses Vorgehen darin, dass nicht alle Firmen bekannt sind oder die objektive Informationsbeschaffung selbst im Zielland mit Hürden verbunden ist. Das heißt, auch hier wird teils auf Selbstauskünfte zurückgegriffen, die jedoch von Profis durch einen landestypischen Blick bzw. Plausibilitätschecks abgeprüft werden können. Dies bedeutet auch, dass die im Fokus befindliche Firma oft das plötzliche Interesse mit Ihnen in Verbindung bringen kann. Seien Sie bei einer Nachfrage durch den potenziellen Partner offen und bestätigen Sie, dass Sie eine ergänzende Recherche veranlasst haben. Alternativ können Sie auch in einem persönlichen Gespräch auf Ihr Vorgehen hinweisen. Erfahrungsgemäß zeugt dies eher von Professionalität als von Misstrauen. Wichtig ist: Spielen Sie mit offenen Karten! Sollte der potenzielle Partner dies als ungebührlich empfinden, müssen Sie sich die Frage stellen, ob es sich um den richtigen Kandidaten für Ihr Unternehmen handelt.

**Stufe 2: Selbstauskunft**
Versuchen Sie, im Rahmen der schriftlichen Kontaktaufnahme möglichst viele Fakten über Ihren potenziellen Geschäftspartner in Erfahrung zu bringen, wie z. B.:

- Wann wurde das Unternehmen gegründet?
- Wie groß ist das Unternehmen (Umsatz, Mitarbeiteranzahl, eventuelle Filialen)?
- Wer sind die Schlüsselfiguren im Unternehmen (mit Alter und Qualifikation)?
- Welche Produkte/Lieferanten werden bereits vertrieben?
- Wie ist die Vertriebsstruktur?
- Wie ist die Kundenstruktur?
- Wie hoch ist der Marktanteil?
- Welche Messen besucht der potenzielle Partner?

▶   **Tipp** Sicherlich fallen Ihnen mit Bezug auf Ihr Unternehmen noch wichtige Punkte ein. Die Erfahrung zeigt, dass man jedoch nicht alle Fragen vorab schriftlich klären kann. Idealerweise verbinden Sie das Schreiben mit einem Termin zum persönlichen Kennenlernen, wie z. B. Messen. Wichtig: Ein umfangreicher Fragenkatalog im Erstkontakt schreckt ausländische Partner eher ab. Dies würde als sehr deutsch empfunden werden. Im Gegenzug sollte Sie deshalb Offenheit zeigen und auf die gleiche Art und Weise Ihr Unternehmen vorstellen.

**Stufe 3: Reputation – Standing im Markt – Referenzen**

Sprechen Sie dazu Lieferanten und gegebenenfalls auch Mitbewerber an. Des Weiteren sind andere Geschäftspartner eine gute Informationsquelle. Durch Messebesuche kommt man schnell und effektiv ans Ziel. Auch die Außenhandelskammern mit ihrem Netzwerk können hier oft hilfreiche Unterstützung anbieten.

▶ **Tipp** Befragungen Dritter sind nicht immer objektiv! Filtern Sie daher diese sog. Blitzlichter. Dennoch wissen Sie sicherlich, wer Ihr Vertrauen genießen darf.

**Stufe 4: Persönlicher Eindruck**

Ein persönliches Kennenlernen vor Ort ist unerlässlich. Sie können sich darüber einen Gesamteindruck vom Unternehmen verschaffen und werden feststellen, ob schriftlich oder verbal kommunizierte Fakten der Realität entsprechen. Nicht zu vernachlässigen ist – je nach Produktpalette, Kundengruppen und Vertriebsstrukturen – auch, ob das Unternehmen einen repräsentativen Eindruck macht. Passt der potenzielle Partner zur Denk- und Handlungsweise Ihres Unternehmens?

▶ **Tipp** Sinnvoll ist, dass Sie die handelnden Personen bis hin zum Sachbearbeiter kennenlernen. Dies ist je nach Mentalität und Kultur nicht immer üblich. Auslandsunternehmen können hier mitunter sehr hierarchisch geprägt sein, umso mehr, wenn es sich um bislang vertrauliche Gespräche handelt. Sie können jedoch immer darum bitten, die Kontaktpersonen kennenlernen zu dürfen. Akzeptieren Sie jedoch gegebenenfalls auch einen Verweis auf ein späteres Zusammentreffen.

Die Stufen 1 bis 4 können natürlich auch parallel verlaufen. Eine Rangfolge ist hier nicht gegeben.

## 5.6    Partnerbindung und Loyalität

Es ist sicherlich leicht nachvollziehbar, dass ein Partner, der sich seinem Lieferanten verbunden fühlt, verbindlicher handeln wird und damit den Erfolg deutlich steigern kann. Ein persönliches Kennenlernen der handelnden Personen ist daher in der Praxis sehr wirkungsvoll. Persönliche Kontaktpunkte unterstützen das gegenseitige Verständnis und die Akzeptanz. Und letztendlich bereichert diese Vorgehensweise das Aufgabengebiet der Mitarbeiter. Wie kann man dies erreichen?

**Fachliche Ebene**

Beziehen Sie Ihren Partner in Schulungen aller Art ein, wie z. B. Produkte (Neuheiten und ggf. auch Produktentwicklung), Marketing, Abwicklung inklusive After Sales. Dies betrifft den Innen- und gegebenenfalls auch den Außendienst.

**Persönliche Ebene**

Vermitteln Sie die DNA Ihres Unternehmens. Welche Dos and Don'ts sind Ihnen wichtig? Nur wenn Sie hier übereinstimmen, wird der Partner in Ihrem Sinn handeln können. Haben Sie deshalb ein offenes Ohr für Ihren Partner und zeigen Sie ihm, dass Sie ihn mit seinen Bedürfnissen unterstützen. Pflegen Sie gemeinsame Essen.

**Berichtswesen**

Legen Sie Zuständigkeiten, Intervalle und die Art der Berichterstattung fest:

- Wer erstellt den Bericht zu welchem Zeitpunkt?
- Wer liest den Bericht?
- Welche Personen diskutieren die Inhalte?
- Wer transportiert die Themen im eigenen Unternehmen und gibt Rückmeldung an den Partner?
- In welcher Form wird berichtet – mündlich/schriftlich/mit oder ohne Vorlagen?
- Was ist für Sie wichtig: Umsatzentwicklung und Potenziale, Akzeptanz von Produkten und Neuheiten, Mitbewerberaktivitäten, notwendige Marketingaktivitäten?

All dies ist kein Garant für eine optimale Beziehung zu Ihrem Partner, jedoch ein wichtiger Schritt in die richtige Richtung. Aus der Praxis lässt sich sagen, dass diese Form der Aufmerksamkeit sehr positiv von ausländischen Firmen wahrgenommen wird. Umso mehr, da Deutsche als wenig beziehungsorientiert gelten. Überraschen Sie Ihren Partner und fördern Sie damit Ihren Erfolg!

## 5.7   Effiziente Unternehmenskommunikation als Erfolgsfaktor für die zukünftige Zusammenarbeit

Einige Hinweise zu einer gelungenen Unternehmenskommunikation finden Sie bereits in Abschn. 5.6. An dieser Stelle sei jedoch noch etwas detaillierter auf das Berichtswesen hingewiesen. So wird es Ihnen außerdem gelingen, Markttransparenz trotz der Entfernung zu erzielen. Dies ermöglicht Ihnen ein besseres Verständnis für einen Auslandsmarkt, gibt Ihnen Anregungen im Hinblick auf ein marktgerechtes Vorgehen betreffend Produkte, Vertrieb und Marketing und somit Transparenz.

Ein mögliches Vorgehen könnte wie folgt aussehen [1]:

**Einmal pro Woche:** Telefonkontakt mit z. B. folgenden Inhalten:

- Welche Aktivitäten sind bereits erfolgt?
- Gibt es konkrete Fragen zu Produkten, zum Vorgehen?
- Wie können wir Sie noch unterstützen? Was brauchen Sie idealerweise noch?

Erzeugen Sie bei Ihrem Partner durchaus ein schlechtes Gewissen.

▶ **Tipp** Coachen Sie dazu auch die Personen in Ihrem Haus, die im Telefon-kontakt stehen.

**Einmal pro Monat:**

- Sollten Sie mit einem Handelsvertreter arbeiten, hier der Hinweis, dass nach EU-Recht die regelmäßige Berichterstattung ein Muss ist!
- Es empfiehlt sich, mit gezielten, vorgefertigten Fragestellungen zu arbeiten, wie z. B.:
- Umsatzentwicklung und Potenzialen;
- Akzeptanz von Produkten und Neuheiten;
- Mitbewerberaktivitäten (Vertrieb, Produkte, Marketingaktionen, Messeteilnahmen);
- Key Performance Indicators: Anzahl Besuche Kunden bzw. Neukunden, Messeteilnahmen usw. sowie
- Empfehlungen.

**Einmal pro Jahr:**

- Besuch bei Ihrem Partner und gemeinsamer Besuch von wichtigen Kunden
- Analysegespräch
- Key Performance Indicators: Soll- bzw Ist-Abgleich, Diskussion der Abweichungen
- Schulung
- Überprüfung der Ziele und gegebenenfalls Kurskorrekturen und/oder neue Zielvereinbarungen
- Gemeinsame Kundenbesuche bei wichtigen Kunden

▶ **Tipp** Je nach Markt entsprechend seiner Dynamik, Produkten, Geschäftsentwicklung bzw. Marktreife empfehlen sich auch Halbjahres- oder Quartalsbesuche. Hier ist es wichtig, dass Sie gut mit Ihrem Partner im Austausch stehen und bei Bedarf situativ die Intervalle von persönlichen Gesprächen anpassen. Sicherlich bieten sich heute digitale Möglichkeiten, um Telefonkonferenzen etwas persönlicher und durchaus auch effektiv führen zu können. Unterschätzen Sie jedoch nicht den Nutzen von persönlichen Besuchen. Diese bleiben unerlässlich.

Ein Muster für einen Kundenbericht finden Sie im Anhang.

# Literatur

1. Brenner H, Fuchs B, Gailler S, Sefrin M (2017) 66 Checklisten für den Export, 2. Aufl. Bundesanzeiger Verlag, Köln, S 67–68
2. Brenner H, Gößl M, Scheuring H (2003) Export für Einsteiger. Wolters Kluwer, München, S 32
3. Brenner H, Gößl M, Scheuring H (2003) Export für Einsteiger. Wolters Kluwer, München, S 37

# Aufbau eines schlagkräftigen Auslandsvertriebs

**6**

**Zusammenfassung**

Nachdem Sie nun die Marktauswahl vorgenommen und die für Ihr Unternehmen geeigneten Vertriebsmöglichkeiten festgelegt haben, gilt es nun, den richtigen Vertriebspartner zu finden. Erfahrungsgemäß ist dieser Prozess mitunter langwierig und aufwendig. Aber welche Zielvorstellungen haben Sie? Was ist zu berücksichtigen? Und wer ist professioneller Ansprechpartner für die Suche und kann Sie unterstützen? Oftmals werden gerade in dieser Phase Vorgehensweisen und Bewertungen nochmals infrage gestellt. Wichtig ist, dass Sie trotz aller kontroversen Diskussionen Ihrer Erfolgsstrategie treu bleiben. Nehmen Sie sich daher Zeit für die Formulierung Ihrer Vorstellungen aufgrund der Notwendigkeiten und Gegebenheiten, die durch Ihr Produkt und Ihren Zielmarkt begründet sind. Und last but not least bieten gerade diese Fragestellungen eine gute Chance, Bestehendes im eigenen Unternehmen zu überprüfen und gegebenenfalls neu zu bewerten. Sie erfahren in diesem Kapitel, wie Sie eine qualifizierte Auswahl vornehmen – vom Profil über die Suche bis zur letztendlichen Auswahl und Integration in das deutsche Unternehmen. Allein die Distanz erfordert eine gute Vorbereitung, um effektive und langfristige Ergebnisse zu erzielen.

## 6.1 Ausarbeitung eines Sollprofils

Nachdem nun wichtige Basics zum Markteintritt festgelegt sind, ist die Formulierung eines Sollprofils der erste Schritt zur Partnersuche. Je nach Leistungsangebot, Unternehmen, strategischer Zielsetzung, Produktpalette und Zielland bereiten Sie sich das Bild des Idealpartners auf. Die folgenden Kriterien sollten Sie einbeziehen.

© Springer Fachmedien Wiesbaden GmbH, ein Teil von Springer Nature 2019
H. Brenner und G. Haller, *Von der Analyse zum Global Player*,
https://doi.org/10.1007/978-3-658-10196-1_6

**Branchenerfahrung und Fachkenntnisse, Kundenkontakte**
- Wie wichtig ist dies für Ihre Produkte und Ihre Markterschließung?
- Sind fehlende Erfahrungen eventuell schnell zu vermitteln bzw. zu erarbeiten?
- Sind vorhandene Kundenkontakte unbedingt erforderlich oder kurzfristig aufzubauen?
- Achtung: Jede Aufbauphase kostet Geld! Wie viel sind Sie gegebenenfalls bereit zu investieren und bei welchem Zeithorizont?
- Kann- oder Muss-Kriterium?

**Standort**
- Erfordert Ihr Produkt, Ihre Kundenzielgruppe oder Ihre Vertriebsart einen bestimmten Standort?
- Ist die schnelle Erreichbarkeit Ihres Vertriebspartners für Sie wichtig oder entscheidend?
- Kann- oder Muss-Kriterium?

**Wettbewerber bzw. Wettbewerbsprodukte**
- Darf es sich bei Ihrem Vertriebspartner um einen Wettbewerber handeln? Ist dies ein Vor- oder ein Nachteil für Ihr Unternehmen?
- Kann ein Vertriebspartner auch Mitbewerberprodukte führen? Wenn ja, wo gibt es Grenzen?
- Kann- oder Muss-Kriterium?

**Serviceleistungen**
- Welche Serviceleistungen erfordern Ihre Produktpalette, Ihre Kunden und Ihr Unternehmen für die Abwicklung der Geschäfte?
- Sollte der Vertriebspartner ein eigenes Lager unterhalten mit/ohne eigene Auslieferungsmöglichkeiten?
- Welche Anforderungen bestehen an IT-Verbindungen zwischen den Unternehmen bzw. Partnern (Warenwirtschaft, Informationsaustausch und Kommunikation)?
- Welche Spezialisten und wie viele werden vor Ort benötigt – Kundenbetreuung, Monteure, IT-Fachleute, Marketing?
- Kann- bzw. Muss-Kriterien definieren!

**Sprache, Mentalität, DNA**
- Welche Sprache muss im Unternehmen gegeben sein, damit mit Ihren Ansprechpartnern im Haus, und letztendlich auch mit Ihnen als verantwortlich Handelnder, kommuniziert werden kann?
- Was ist in puncto Mentalität des Ziellandes zu beachten? Wo gibt es Beschränkungen? Kann man diese durch gezielte Maßnahmen, wie z. B. Teambildung-Seminare, im Vorfeld oder bei Entstehung verringern?
- Muss der Vertriebspartner z. B. im Land aufgewachsen sein?

- Wie ist die DNA in Ihrem Unternehmen? Wie gehen Sie um mit Themen wie z. B. pragmatischer Ansatz, Kundenfokus, Problemlösungsstrategien, Qualitätsanspruch an Abläufe und Produkte usw.? Was sollte der Vertriebspartner mitbringen bzw. was ist zu beachten?
- Gibt es absolute No-Gos?
- Kann- bzw. Muss-Kriterien definieren!

Sicherlich gibt es weitere Kriterien, die für Sie wichtig sein können. Die vorstehenden Punkte sollen Ihnen eine Anregung geben und gleichzeitig die Komplexität in Bezug auf langfristigen Erfolg vermitteln. Im Anhang finden Sie eine Checkliste als Vorlage zur Formulierung Ihres Sollprofils.

▶ **Tipp** Wenn ein Muss-Kriterium im Auswahlprozess nicht erfüllt wird, sollten Sie weiter suchen. Kompromisse sind grundsätzlich zu befürworten. In diesem Fall wird erfahrungsgemäß jedoch jeder Prozess, der um das nicht vorhandene Muss-Kriterium konstruiert wird, früher oder später zu einer stark einschränkenden Hürde bis hin zur Trennung vom Vertriebspartner. Ersparen Sie sich das!

## 6.2 Möglichkeiten zur Suche eines geeigneten Vertriebspartners

In Abschn. 5.4 finden Sie Hinweise zu Entscheidungskriterien und Suchmethoden von Vertriebspartnern. Nachdem Sie eine systematische Ermittlung des Sollprofils vorgenommen haben, zeigen wir Ihnen nun Details zur fundierten Auswahl auf (s. dazu auch Abschn.5.5). Nach Prüfung von Zahlen, Daten und Fakten über Dritte empfiehlt sich folgendes stufenweise Vorgehen ([7]; s. dazu auch [2, 3] im Literaturverzeichnis von Kap. 4).

**Erster Schritt: Selbstauskunft [1]**
Aus Gründen der Effizienz versuchen Sie bereits mit der ersten schriftlichen Kontaktaufnahme, direkt vom potenziellen Partner Informationen über seine Tätigkeit, sein Serviceangebot und seine Erfahrung zu bekommen. Als Fragestellung eignen sich dazu z. B.:

- Wie lange existiert die Firma bereits bzw. wie lange ist der Handelsvertreter tätig?
- Wie viele Mitarbeiter hat das Unternehmen, welche Schlüsselpositionen gibt es?
- Welche Umsätze werden getätigt?
- Welchen eigenen Marktanteil schätzt das Unternehmen?
- Welche regionalen Schwerpunkte hat das Unternehmen?
- Wie sind die Vertriebsstrukturen? (Organisation, Zielgruppen)
- Welche Produkte von welchen Lieferanten sind im Portfolio?

- Hat das Unternehmen bereits mit ähnlichen Produkten Erfahrung?
- Was zeichnet das Unternehmen aus?

**Zweiter Schritt: Absicherung von Informationen [1]**
Bevor Sie den Aufwand der persönlichen Kontaktaufnahme betreiben, ist es sinnvoll, die Selbstauskünfte des Unternehmens/des Agenten zu überprüfen und möglicherweise sogar zu vertiefen. Besonders wichtig sind dabei die wirtschaftliche bzw. finanzielle Situation sowie auch der Ruf des Unternehmens am Markt. Sie sollten sich dabei nicht auf eine Quelle verlassen und daher weitere Stellen einschalten, wie z. B.:

- Auskunfteien mit internationaler Datenbank
- Banken
- Lieferanten und andere Geschäftspartner
- Eventuelle bereits vorhandene Kunden im Zielland
- Außenhandelskammern

Erfahrungsgemäß sind der Kosten- und Zeitaufwand dafür als gering einzustufen. Nutzen Sie diese Möglichkeiten, damit Sie einen ersten Eindruck Ihres potenziellen Partners bekommen und Gesellschaftsstrukturen transparent werden.

**Dritter Schritt: Persönliche Kontaktaufnahme**
Geben Sie dem potenziellen Partner Informationen zu Ihrem Unternehmen. Welche Fragen hat Ihr Kontakt? Welche Erfahrung und Eignung hat der Partner? Fragen Sie nach Marktperspektiven mit Chancen, Risiken, Umsatzpotenzialen. Versuchen Sie bereits im Erstgespräch, noch Marktinformationen einzuholen zu Mitbewerbern, Preisen, Kundenerwartungen, Entwicklungen, Marktbesonderheiten, wichtigen Messen. Bringen Sie in Erfahrung, ob der potenzielle Vertriebspartner freie Kapazitäten zur Betreuung bzw. zum Verkauf Ihres Sortiments hat. Wenn nein, besprechen Sie eventuell den Fahrplan, ab wann Kapazitäten vorhanden sein werden. Überprüfen Sie die Angaben der Selbstauskunft am besten am Unternehmenssitz des potenziellen Partners. Sprechen Sie Unstimmigkeiten der Selbstauskunft mit den Informationen Dritter an. Stimmen Sie Firmenphilosophien bzw. Werte ab. Erarbeiten Sie eine Zeitschiene, wann Entscheidungen getroffen werden müssen.

▶   **Tipp**  Um Klarheit zu bekommen, empfiehlt sich ein offenes Vorgehen. Dennoch sollten Sie mit interkulturellem Fingerspitzengefühl vorgehen. Die für Deutsche bekannte direkte Art der Ansprache ist für einige Nationen eher schwierig zu handhaben. Sollte dies Ihre erste Berührung mit der Nationalität des Ziellandes sein, so ist es empfehlenswert, sich vor dem ersten Treffen einige interkulturelle Kenntnisse anzueignen. Dafür gibt es gute, komprimierte Literatur, die nicht viel Zeitaufwand bedeutet. Wichtig ist es, v. a. mit dem ersten Gespräch eine Beziehungsebene aufzubauen. Eventuell kann ein erstes Kennenlernen durch z. B. ein Abendessen am Vorabend des eigentlichen Gesprächs realisiert werden. Versuchen Sie dabei, Gemeinsamkeiten herauszuarbeiten. Dies kann Privates sein, gemeinsame Denkweisen, Firmengeschichte o. ä.

## 6.3   Qualifizierte Auswahl

Nach Sammlung aller relevanten Informationen geht es nun an die Systematisierung und Bewertung. Zahlen, Daten, Fakten sollten hier nochmals komprimiert, mit ursprünglichen Profilen abgeglichen und im Team diskutiert werden. Nachfolgend dazu ein paar Tipps in chronologischer Abfolge ergänzend zu Abschn. 6.2.

**Vierter Schritt: Bewertung**
Vermutlich werden Sie mit mehreren Firmen/Agenten diese Gespräche führen und alle werden zusätzlich eine gute Informationsquelle für den Zielmarkt sein. Zur abschließenden Bewertung empfiehlt sich folgendes Vorgehen:

- Alle gewonnenen Fakten im Team, bestehend aus verschiedenen Bereichen des eigenen Hauses, diskutieren. So bekommen Sie einen 360-Grad-Blick und alle wichtigen Aspekte werden beleuchtet.
- Nochmaliger Abgleich mit dem Sollprofil
- Offene Fragen herausarbeiten und noch in Erfahrung bringen
- Finale Priorisierung eines Geschäftspartners
- Eventuelle juristische Fragen klären
- Internen Zeitplan festlegen

**Fünfter Schritt**
- Diskussion der Ergebnisse mit dem potenziellen Vertriebspartner
- Vertragsentwurf nach Möglichkeit vorab übermitteln und anschließend persönlich besprechen
- Vertragsunterzeichnung: Dazu dem Partner Zeit für mögliche juristische Prüfungen gewähren
- Zeitplan und notwendige Maßnahmen mit dem potenziellen Partner abstimmen (Checkliste)
- Kontaktpersonen des potenziellen Vertriebspartners kennenlernen
- Gegenbesuch zum Aufbau einer persönlichen Beziehung (Kontaktpersonen vorstellen)
- Schulungen

▶    **Tipp**  Zahlen, Daten und Fakten sind notwendig und abdingbar, wie im
     Geschäftsalltag üblich. Erfahrungsgemäß ist jedoch ergänzend eine Portion
     Menschenkenntnis an dieser Stelle hilfreich.

Aus der persönlichen Praxis kann berichtet werden, dass bei einem Auswahlverfahren
wie beschrieben alle objektiven Fakten für einen neuen Partner sprachen. Dennoch
machte sich ein ungutes Gefühl bemerkbar. In solchen Fällen entschied ich immer nach
dem Prinzip: Im Zweifelsfall nicht. Die Suche wurde fortgesetzt. Später durfte ich häufiger erfahren, dass solch eine Entscheidung richtig für unser Unternehmen war. In diesem konkreten Fall hatte die objektiv optimal passende Firma ihren Geschäftsbereich für
uns unabsehbar verändert. Somit hätte es für eine Zusammenarbeit keine Grundlage bzw.
kein Engagement und keine Ressourcen mehr gegeben.

## 6.4    Einarbeitung in das deutsche Unternehmen

Nach erfolgter Auswahl des Partners ist es wichtig, dass dieser – wie ein neuer Mitarbeiter – ins Unternehmen integriert wird. Denn die Nähe zum Team wird Verbunden-
heit und Einsatzwille erzeugen. Bleibt er anonym, können Sie davon ausgehen, dass er
ein Kunde bleibt. Aufgrund der natürlichen Distanz wird er auf Distanz bleiben, umso
mehr, als die Sprache und die unterschiedliche Kultur Handicaps für die Mitarbeiter sein
werden.
     Die folgenden Fragen stehen im Raum:

- Wie weit soll oder kann die Integration gehen? Das hängt in erster Linie von Ihrer
  Unternehmenskultur ab.
- Wie ist der Umgang in Ihrem Unternehmen?
- Welche Gepflogenheiten sind bei Ihnen üblich?

Nachfolgend dazu ein paar Anregungen.

**Sie- oder Du-Kultur – Interkulturelles Verständnis**
Die Verständigung wird sich durch die Kontaktgespräche schnell klären. In vielen Auslandsunternehmen ist eine Ansprache mit dem Vornamen üblich. In einigen Ländern mit
stark hierarchischer Struktur wird es formeller sein. Sprachliche Besonderheiten wie ein
englisches „You" erleichtern den Einstieg. Passen Sie sich hier dem Partner an. Zahlreiche interkulturelle Trainings sind im Angebot, die Ihnen ein Verständnis der fremden
Kultur und Gepflogenheiten vermitteln. Sprechen Sie dazu auch Ihre örtliche Handelskammer an, wo Sie preiswert fachlich fundierte Seminare besuchen können. Darüber
hinaus ist umfassende Literatur zur Förderung eines interkulturellen Verständnisses

erhältlich. Wichtig ist, dass Sie das Tun anderer Kulturen nachvollziehen können. Desto besser können Sie auf den Partner eingehen und Lösungen gemeinsam erarbeiten. Ein Überstülpen der deutschen Mentalität wird nicht erfolgreich sein. Trotzdem gibt es natürlich deutsche Werte, die der Auslandspartner an uns schätzt. Diese sollten Sie nicht vernachlässigen.

▶ **Tipp** Bei der Rekrutierung von Mitarbeitern für Ihre Exportabteilung sollten Sie die Bereitschaft, auf andere Kulturen einzugehen, prüfen. Selbst ein Bewerber, der bereits jahrelang in der Außenwirtschaft tätig war, ist nicht zwangsweise ein Profi in Sachen interkulturelles Verständnis. Die Wahrscheinlichkeit, dass er jedoch zumindest eine gewisse Affinität dafür hat, ist allerdings hoch. Die Praxis zeigt, dass durch die globale Welt mitunter von einer globalen Mentalität ausgegangen wird. Verabschieden Sie sich von diesem Gedanken! Dies wird in Missverständnissen resultieren.

Akzeptieren Sie den Unterschied! Die Kombination von interkulturellen Unterschieden mit den Stärken und Schwächen des anderen kann für Sie zum Erfolgsrezept werden. Das Unverständnis wird zum Handicap auf beiden Seiten.

**Kontaktpunkte**

Schaffen Sie Kontaktpunkte im Unternehmen, sodass sich verschiedene Bereiche und Hierarchiestufen kennenlernen. Dies kann durch gemeinsame Besprechungen, Essen, gemeinsame Veranstaltungen und Freizeitaktivitäten erfolgen. Definieren Sie auch, wann der Partner Kontakt mit Ihrer Exportabteilung oder auch mit den Fachabteilungen in Ihrem Haus hat. So vermeiden Sie Missverständnisse.

▶ **Tipp** Bei Kontakt zu anderen Abteilungen ist auch hier eine Vermittlung der Andersartigkeit des Partners sinnvoll. Dies kann wiederum durch Seminare von Schlüsselpersonen erfolgen oder auch durch die Kollegen der Exportab teilung.

## Literatur

1. Scheuring H (2003) Suche und Auswahl geeigneter Geschäftspartner. In: Brenner H, Gößl M, Scheuring H (Hrsg) Export für Einsteiger. Wolters Kluwer, München, S 27–28

# Schulung der Vertriebspartner vor Start des aktiven Einsatzes

**Zusammenfassung**

Der ausländische Vertriebspartner ist gefunden, alle Formalitäten sind abgewickelt, die innerbetrieblichen Voraussetzungen wurden geschaffen. Für optimale Startchancen im Sinn beider Parteien ist es nun erforderlich, den Partner gut vorzubereiten. Er sollte ein abgerundetes Bild Ihres Unternehmens mit seinen Produkten vermitteln können und somit Ihr Botschafter im Zielland werden. Dazu ist es sinnvoll, den Bedarf auch gemeinsam mit ihm zu ermitteln. Üblicherweise haben alle Beteiligten sofort Produktschulungen im Visier. Dies ist erfahrungsgemäß jedoch nur ein Teil, wenn auch ein wichtiger. Entscheidend ist, dass Sie dem Partner einen 360-Grad-Blick vermitteln über firmenspezifische Besonderheiten, verkaufsorientierte Themen wie auch den Zielmarkt. Was wird er antreffen? Haben Sie bereits Erfahrungen gemacht? Für all diese Themen sollten Sie ein Programm vorbereiten. Wie sollte dies gestaltet sein? Wer ist involviert? Interne Schulungen sind die beste Gelegenheit, Know-how zu vermitteln, Bindungen zu schaffen und betriebsinterne Routinen zu klären. Dies ist sicherlich mit viel Aufwand verbunden, der sich jedoch positiv auf Ihr Ergebnis auswirken wird. Dieses Kapitel gibt Ihnen praxisbezogene Hinweise, damit der Umsetzung in Ihrem Unternehmen nichts im Weg steht.

**Firmenspezifische Schulungsmaßnahmen**

Wie bei allen anstehenden Schulungsmaßnahmen sollten Sie vor der Programmgestaltung konkret den Bedarf beim Partner erfragen. Was interessiert ihn besonders? Was braucht er zum Arbeiten? Integrieren Sie diese Punkte in Ihr Schulungsprogramm und entscheiden Sie, welche Teile durch welche Mitarbeiter im heimischen Unternehmen geschult werden. Stimmen Sie mit dem Partner das Programm und Teilnehmer ab. Bedenken Sie dabei, dass der Auslandspartner dazu schriftliche Dokumentationen bekommen sollte. Diese benötigt er als Nachschlagewerk für sich selbst und möglicherweise auch zum Know-how-Transfer an Kollegen im Innen- oder Außendienst. Sind Ihre Unterlagen auf dem aktuellen Stand? In welcher Sprache sind sie vorhanden? Können alle Mitarbeiter in Ihrem Haus Schulungen in der Fremdsprache leisten oder brauchen sie Unterstützung aus der Exportabteilung? An diesen Fragestellungen ist leicht zu erkennen, dass Sie hier einen zeitlich gut geplanten Vorlauf planen sollten, damit alles rechtzeitig und geordnet zur Verfügung steht. Die räumliche Distanz ist dabei eine besondere Herausforderung. Als deutsches Unternehmen erwartet man von Ihnen Systematik und Professionalität.

**Folgende Fragen sollten geklärt werden:**
- Bei firmenbezogenen Themen ist es wichtig, welche Unique Selling Proposition Sie als Unternehmen haben. Gibt es dazu eventuell bereits schriftliche Leitfäden oder ähnliches? Liegen diese gegebenenfalls in der Fremdsprache vor (Tradition, Firmenphilosophie, Forschung und Entwicklung, Patente, Marktanteile, besondere Erfahrungen und/oder Kenntnisse, die Sie auszeichnen)?
- Welche Dos and Don'ts gibt es in Ihrem Unternehmen?
- Welche Ansprechpartner hat der Partner bei welchen Themen? Zur Vereinfachung empfiehlt sich die Angabe von Kontaktdaten.
- Welche Ablaufroutinen sind zu beachten?
- Welche Handbücher stehen bereits zur Verfügung? Sind eventuell landesspezifische Anpassungen vorzunehmen? Sind noch Übersetzungen im Vorfeld anzufertigen?
- An dieser Stelle erfolgt nochmals der Hinweis auf ein interkulturelles Training, das Sie auf jeden Fall selbst, mit Ihrem Team und eventuell auch mit Ihrem Auslandspartner gemeinsam machen könnten.

**Produktspezifische Schulungsnotwendigkeiten**
Dies ist Ihnen vom deutschen Markt bei Einarbeitung eines neuen Mitarbeiters wohl bekannt; hier noch ein paar Fragestellungen, die Sie anregen können. Wichtig ist, dass Ihr neuer Auslandspartner – je nach Artikelsortiment – den Aufbau und die Funktionsweise Ihrer Artikel im Vergleich zu Wettbewerbsprodukten kennt. So kann Ihr Auslandspartner gut argumentieren und Ihre Kunden überzeugen.

**Folgende Fragen sollten geklärt werden:**
- Wie ist Ihre Sortimentspolitik und was zeichnet diese aus? Wie sind die Unique Selling Propositions?
- Wie ist Ihr Sortiment aufgebaut? Das heißt, geben Sie einen nachvollziehbaren Überblick.
- Welche Details, wie z. B. zum Aufbau oder zu Funktionsweisen, müssen vermittelt werden?

- Stehen Bedienungsanleitungen in Fremdsprachen zur Verfügung? Wie hat der Partner Zugang dazu?
- Wie ist Ihre Preisgestaltung innerhalb des Sortiments aufgebaut?
- Welche Vor- und Nachteile hat ihr Portfolio an Artikeln gegenüber der Konkurrenz? Eventuell ist es Ihnen möglich, hier die am Zielmarkt befindliche Konkurrenz einzubeziehen.

**Marktspezifische Schulungsnotwendigkeiten**

Bedingt durch Ihre Erfahrungen am heimischen Markt und Recherchen kann es sein, dass Sie bereits sehr viele Informationen über das Marktgeschehen im Zielland haben. Auch wenn Ihr Auslandspartner Ihrem Soll-Profil entspricht, so wird er doch einen anderen – internen – Blick auf den Markt haben als Sie selbst. Möglicherweise war Ihr Markt bisher nicht seine Kernkompetenz. Dies kann Ihre Zielgruppen mit deren Kaufverhalten, das Sortiment und natürlich auch die Mitbewerber betreffen. Hier ein paar Fragestellungen, die Ihnen weiterhelfen könnten, Ihren Partner gut vorzubereiten:

- Welche Exportgeschäfte mit dem Zielland haben Sie bereits gemacht?
- Gibt es bestehende Kunden und/oder Kontakte?
- Welche Strukturen erkennen Sie von Deutschland aus? Wie decken Sie sich mit Ihrem heimischen Markt oder weichen davon ab (Zielgruppen, Bedarf und Bedürfnisse)?

**Verkaufsnotwendige Schulungsanforderungen**

Auch in diesem Bereich kennen Sie nicht zuletzt durch die vorausgegangene Untersuchung des Auslandsmarkts die Gegebenheiten vermutlich schon sehr gut und möglicherweise besser als Ihr neuer Auslandspartner. Unterstützen Sie ihn, damit er und sein Team zu Spezialisten für Ihr Sortiment und damit zu Botschaftern für Ihr Unternehmen im Zielmarkt werden.

**Folgende Informationen sollten dem Partner zur Verfügung gestellt werden:**
- Wie ist der Preislevel vor Ort – und wo stehen Ihre Produkte?
- Wie sind Ihre Verkaufskonditionen im Vergleich zu Ihren Mitbewerbern? Wer sind Ihre Mitbewerber?
- Wie ist Ihr Preis-Leistungs-Verhältnis inklusive Unique Selling Propositions?
- Welche Werbemittel bzw. verkaufsunterstützende Unterlagen, wie z. B. Prospekte, Flyer, Kataloge, Videos, Gebrauchsanleitungen, liegen vor? Auch in der Landessprache?
- Sind Muster bzw. Musterkollektionen zum Anfassen vorhanden oder für den Zielmarkt sinnvoll?

Hier auch ein Verweis auf weiterführende Literatur (s. [1]) sowie auf die Checkliste im Anhang (s. Abschn. 13.3).

## Literatur

1. Buchkapitel: Brenner H, Fuchs B, Gailler S, Sefrin M (2017) Checklisten III: Wie ist der Export-Vertrieb zu organisieren? Checkliste 19: Schulung von ausländischen Vertretern. 66 Checklisten für den Export. Bundesanzeiger Verlag GmbH, Köln, S 64–66

# Nachhaltigkeit des Vertriebsaufbaus (auslandsbezogene vertragliche Besonderheiten)

8

**Zusammenfassung**

Die Voraussetzungen zur Erschließung von Auslandsmärkten erfordern viele Ressourcen, wie den vorangegangenen Kapiteln zu entnehmen ist. Umso mehr hat die Nachhaltigkeit des Vertriebsaufbaus einen hohen Stellenwert. Verträge bilden dafür die Grundlage – das haben Inlands- und Auslandsgeschäfte oft gemein. Zwei Vertragsarten haben im Auslandsgeschäft eine große Bedeutung: der Kaufvertrag und Vertriebsverträge. In der Praxis ist dies häufig der Handelsvertretervertrag. Grenzüberschreitende Verträge unterliegen jedoch anderen Regeln als in Deutschland. Hier kann es schnell zu Fehleinschätzungen kommen. Was gilt es hier zu beachten, damit Verträge ihre Wirksamkeit nicht verfehlen? Was muss grundsätzlich berücksichtigt werden und welche Details sind erforderlich, die man aus deutschen Verträgen nicht kennt? Ein heikles Thema, das immer wieder zu Überraschungen führt, die im Extremfall für den Exporteur kostspielig und leider auch zu zermürbenden und zeitaufwendigen Prozessen führen kann. Und auch ein für Sie entschiedener Prozess sichert die Durchsetzbarkeit vor Ort im Zielland nicht ab. Um all dies zu vermeiden, lesen Sie in diesem Kapitel wertvolle Tipps, was außer den üblichen kaufmännischen Regelungen zu berücksichtigen ist.

Es gibt zwei Vertragsarten im Auslandsgeschäft, die erfahrungsgemäß für mittelständische Unternehmen von großer Bedeutung sind: der Kaufvertrag und der Handelsvertretervertrag. Aufgrund von unterschiedlichen Rechtsbereichen unterliegen diese häufig anderen Grundlagen als in Deutschland. Selbst innerhalb der Europäischen Union gibt es hier teils große Unterschiede.

Grundsätzlich dürfen grenzüberschreitende Verträge nicht zwingend vorgeschriebenen öffentlichen Rechtsvorschriften – auch genannt „ordre public" – des Vertragsstaats widersprechen. Vor allem von Frankreich, als einem der größten Exportpartner Deutschlands, sind Fälle bekannt, dass die örtlichen Gerichte die Wirksamkeit von Vertragsklauseln wegen Verstößen gegen Prinzipien des französischen Rechts nicht anerkennen.

Es wird daher empfohlen, die Vertragsgestaltung von Auslandskontrakten durch erfahrende Juristen absichern zu lassen, die abgesehen von profunden Kenntnissen in den nationalen Rechtsgrundlagen auch Erfahrung in der internationalen Rechtsprechung und dem Landesrecht Ihres Zielmarkts haben. Versierte Anwaltskanzleien sind heute i. d. R. gut vernetzt, sodass diese vielseitige Abdeckung durchaus realistisch ist.

Gerade bei grenzüberschreitenden Verträgen ermöglicht nur die einwandfreie Formulierung aller kaufmännischen Regelungen und weitergehend auch der Gerichtsbarkeit, des anwendbaren Rechts und des Gerichtsstands die benötigte Rechtssicherheit für den deutschen Exporteur. Solange es nicht zu Störfällen und Meinungsverschiedenheiten kommt, mag dies sehr aufwendig oder sogar übertrieben erscheinen. Sicherlich wird man aus wirtschaftlichem Interesse immer versuchen, Kompromisse bei Streitfällen zu finden, doch nicht immer ist dies möglich. Es empfiehlt sich daher, die eigene Rechtposition gut abzusichern, um zeitaufwendige und kostspielige Verfahren zu vermeiden.

▶    **Tipp** Bei internationalen Kaufverträgen sollten die Allgemeinen Geschäfts-
      bedingungen (AGB) Vertragsbestandteil sein. Teils senden Unternehmen
      diese auch nach Vertragsabschluss im laufenden Geschäftsprozess zu. Es
      ist zu beachten, dass Formulierungen in den AGB, die für Inlandsgeschäfte
      zutreffen, im Ausland oft keine Absicherung darstellen. Das heißt, auch
      die AGB sollten auf internationale Anwendbarkeit von versierten Juristen
      abgeprüft sein.

---

**Beispiel: Eigentumsvorbehalt**

Schweden kennt einen Eigentumsvorbehalt wie Deutschland nicht. Es ist daher unnötig, diesen in den AGB aufzuführen. In der Praxis wird der schwedische Kunde durch diesen Aspekt teils sogar irritiert, zumindest ist er ihm gänzlich unverständlich. Es gibt weitere Länder, für die dies zutrifft.

---

## 8.1    Distributionsverträge

▶    Der Händler kauft und verkauft Waren in eigenem Namen und auf eigene
      Rechnung.

Ein Händlerrecht ähnlich dem Handelsvertreterrecht ist international nicht bekannt. Hilfsweise werden daher bei Händlerverträgen nicht selten gültige Regelungen aus Dienst- und Kaufverträgen und/oder auch aus dem länderbezogenen Handelsvertreterrecht zugrunde gelegt.

Die Formulierung eines grenzüberschreitenden Händlervertrags unterliegt grundsätzlich keinen Formvorschriften. Ausgenommen davon ist jedoch das bereits erwähnte

„ordre public", d. h. den zwingend zu beachtenden Rechtsvorschriften. Ansonsten kann die Wirksamkeit eines Vertrags bei Streitfällen durch ein ausländisches Gericht aufgehoben werden.

**Grundsätze für den Vertrag mit ausländischen Händlern bzw. Wiederverkäufern –**
**Ausarbeitung von Verträgen mit ausländischen Händlern bzw. Wiederverkäufern**
In Tab. 8.1. finden Sie eine Zusammenfassung zu wichtigen Punkten für Verträge mit ausländischen Händlern bzw. Wiederverkäufern. In Tab. 8.2 finden Sie Anregungen zur Ausarbeitung von Verträgen mit ausländischen Händlern bzw. Wiederverkäufern.

## 8.2 Agenten- und Handelsvertreterverträge

Häufig wird der Vertrieb über Agenten, also Handelsvertreter, abgewickelt. Der Agent vermittelt Geschäfte für den Auftraggeber. Dabei sind Regelungen für Handelsvertreter bzw. Agenten nirgendwo derart umfassend auf eine solch eindeutige Grundlage gestellt wie in der EU seit 1990.

Das EU-Handelsvertreterrecht ist weitgehend mit den deutschen Rechtsgrundlagen identisch und umfasst auch Ausgleichsansprüche bei Beendigung des Vertragsverhältnisses durch den Lieferanten. In einigen Ländern gibt es keinerlei rechtsverbindliche Bestimmungen für Handelsvertreter; in anderen Ländern weichen diese in wesentlichen Punkten von den EU-Gesetzen ab. Somit wird es nahezu unmöglich, einen Mustervertrag zu formulieren, der die länderspezifischen Gegebenheiten regelt.

Die klare Rechtssituation in der EU verleitet Firmen immer wieder dazu, dies auch für das Ausland als gegeben anzunehmen. Die Folge davon sind Verträge, die der örtlichen Rechtsprechung nicht standhalten oder Konsequenzen haben, die für den deutschen Exporteur schwer verständlich und unbefriedigend sind. Dies wird i. d. R. zu spät erkannt und ist dann nicht mehr heilbar, zumeist jedoch teuer.

Typisches Beispiel ist der in Deutschland und der EU zwingend vorgeschriebene Ausgleichsanspruch. Es ist daher dringend zu empfehlen, diesen länderbezogen zu prüfen, umso mehr, wenn ein Vertragsverhältnis dem Recht des Auslandsmarkts unterliegt, denn auch andere Länder kennen solche Ausgleichsregelungen.

**Grundsätze für den Handelsvertretervertrag – Ausarbeitung von Verträgen mit**
**ausländischen Handelsvertretern**
Wichtige Bestandteile für die Ausarbeitung von Handelsvertreterverträgen sind in Tab. 8.3 zusammengefasst. Bei der Formulierung von Verträgen mit ausländischen Handelsvertretern sollten wichtige Vertragspunkte berücksichtigt werden (Tab. 8.4).

**Tab. 8.1** Grundsätze bei Verträgen mit ausländischen Händlern bzw. Wiederverkäufern [4]

| | |
|---|---|
| Bezeichnung des Vertrags | Ist in der Überschrift des Vertrags ausdrücklich festgehalten, dass es sich um einen Händlervertrag handelt? |
| Vertragsparteien | Sind Name, Anschrift, Rechtsform, gesetzlicher Vertreter, Sitz und Niederlassungen eindeutig bezeichnet? |
| Rechtsstellung der Vertragsparteien | Ist klargestellt, dass der Händler im eigenen Namen und auf eigene Rechnung kauft und verkauft? |
| Vertragsgegenstand | Sind die Vertragsprodukte eindeutig definiert? |
| Kunden | Ist eventuell geregelt, dass der Export zur Direktbelieferung bestimmter Kundengruppen berechtigt ist? |
| Vertragsgebiet | Ist das Gebiet, in dem der Importeur Exklusivrechte zum Weiterverkauf hat, eindeutig geregelt? |
| Verkaufsförderung | Ist vereinbart, dass der Händler alles tun sollte, um einen möglichst hohen Umsatz zu erreichen? Ist er in diesem Zusammenhang verpflichtet, in einem bestimmten Mindestumfang Werbung zu betreiben und an Messen teilzunehmen? Ist beachtet worden, dass es eventuell sinnvoll ist, einen Mindestumsatz festzulegen, verbunden mit dem Recht des Exporteurs, den Vertrag vorzeitig kündigen zu können, falls dieser Umsatz nicht erzielt wird? |
| Preisgestaltung | Wurde beachtet, dass der Händler in der Gestaltung seiner Verkaufspreise frei ist, da eine Vorgabe der Verkaufspreise durch den Exporteur in vielen Ländern unzulässig ist? |
| Eigentumsvorbehalt | Wurde berücksichtigt, dass die in Deutschland üblichen Regelungen zum Eigentumsvorbehalt in vielen Ländern unbekannt bzw. ungültig sind und eine landesbezogene Prüfung über die wirksame Vereinbarung einer Eigentumsvorbehalt Klausel daher erforderlich ist? |
| Kundendienst | Ist eine Regelung getroffen worden, dass der Händler den Kundendienst für die gelieferten Produkte durchzuführen hat? |
| Werbung | Ist die Durchführung von Werbemaßnahmen im Auftrag und auf Rechnung des Exporteurs oder mit Zustimmung des Exporteurs auf eigene Rechnung geregelt? |
| Ausgleichsanspruch | Ist geprüft worden, ob dem Händler bei Beendigung des Vertragsverhältnisses ein Entschädigungsanspruch zusteht (z. B. wenn er verpflichtet wurde, kundenbezogene Informationen an den Lieferanten zu liefern)? |
| Schutz der gewerblichen Rechte | Ist sichergestellt, dass der Händler verpflichtet wurde, Schutzrechte wie Marken und Patente des Exporteurs nicht anzugreifen? Ist ihm untersagt worden, Handlungen, die die Schutzrechte des Exporteurs beeinträchtigen, zu unterlassen? |
| Einschränkung der Vertragsfreiheit | Bestehen landesspezifische zwingende Vorschriften („ordre public"), die die Vertragsgestaltung einengen? Wurden Regelungen des EU-Kartellrechts sowie des US-Kartellrechts beachtet? |

**Tab. 8.2** Ausarbeitung von Verträgen mit ausländischen Händlern bzw. Wiederverkäufern [4]

| | |
|---|---|
| Rechtsstellung der Vertragsparteien | Der Händler kauft und verkauft in eigenem Namen und auf eigene Rechnung |
| Verkaufsförderung | Der Händler sollte alles tun, um einen möglichst hohen Umsatz zu erreichen. In diesem Zusammenhang sollte er verpflichtet werden, in einem bestimmten Mindestumfang Werbung zu betreiben und an Messen teilzunehmen. Eventuell ist es sinnvoll, einen Mindestumsatz festzulegen verbunden mit dem Recht des Exporteurs, den Vertrag vorzeitig kündigen zu können, falls dieser Umsatz nicht erzielt wird |
| Preisgestaltung | Grundsätzlich ist der Händler in der Gestaltung seiner Verkaufspreise frei. Eine Vorgabe der Verkaufspreise durch den Exporteur ist in vielen Ländern unzulässig (z. B. EU, USA) |
| Eigentumsvorbehalt (EV) | Häufig sichert der Exporteur den Eingang seiner Kaufpreisforderung dadurch ab, dass er einen Eigentumsvorbehalt mit seinem Vertragspartner vereinbart. Hierbei ist zu berücksichtigen, dass die bei uns üblichen Regelungen zum Eigentumsvorbehalt in vielen Ländern nicht ausreichen. Eine landesbezogene Prüfung über die wirksame Vereinbarung einer Eigentumsvorbehaltsklausel ist daher erforderlich |
| Kundendienst | Der Händler sollte den Kundendienst für die gelieferten Produkte durchführen |
| Ausgleichsanspruch | Üblicherweise hat der Händler bei der Beendigung des Vertragsverhältnisses keinen Ausgleichsanspruch. In vielen Ländern geht die Rechtsprechung jedoch dahin, dem Händler einen Entschädigungsanspruch zuzugestehen, falls er verpflichtet ist, kundenbezogene Informationen an den Lieferanten zu liefern |
| Einschränkungen der Vertragsfreiheit | Neben länderspezifischen zwingenden Vorschriften („ordre public"), die die Vertragsgestaltung einengen, sind speziell die Regelungen des EU-Kartellrechts zu beachten |

▶  **Tipp** Die Bezeichnung von Verträgen durch die Überschrift dokumentiert grundsätzlich, um welche Art von Vertrag es sich handelt (Handelsvertretervertrag oder Händlervertrag). Sollte jedoch die praktische Umsetzung eines Vertragsverhältnisses nachweislich nicht der Vertragsbezeichnung entsprechen, so beurteilen die Juristen die Vertragsart nicht nach der Überschrift des Vertrags, sondern nach der sog. schlüssigen Handlung.

Das heißt, das Tun in der Praxis beider Vertragspartner entscheidet über die Art des Vertrags, der geschlossen wurde. Hier sind Aspekte wie z. B. Handlungsfreiheit und Abhängigkeit, Handeln auf eigene Rechnung und Vergütung der Leistung entscheidend. Differenzieren Sie hier eindeutig und ziehen Sie bei Bedarf einen erfahrenen Juristen zurate.

Im Zweifelsfall werden Prozesse zur Klärung des praktizierten Vertragsverhältnisses mit seinen Rechtsfolgen viel Zeit beanspruchen. Dies bedeutet, wenn ein als Händlervertrag deklariertes Vertragsverhältnis in der Praxis ein Handelsvertreterverhältnis darstellt, werden z. B. unerwartet Ausgleichsansprüche aufgerufen.

**Tab. 8.3** Grundsätze für die Ausarbeitung von Handelsvertreterverträgen [2]

| | |
|---|---|
| Bezeichnung des Vertrags | Haben Sie möglichst schon in der Überschrift des Vertrags ausgedrückt, dass es sich um einen Handelsvertretervertrag (nicht um einen Vertriebsvertrag) handelt? |
| Rechtsanwendung | Es ist zu beachten, dass, falls nicht ausdrücklich ein bestimmtes Recht – z. B. das deutsche Handelsvertreterrecht – vereinbart wurde, Streitigkeiten üblicherweise nach dem Recht des Landes entschieden werden, in dem der Handelsvertreter tätig ist |
| Definition Handelsvertreter | Es ist zu beachten, dass es in manchen Ländern unterschiedliche Arten von Handelsvertretern gibt. Es handelt sich hierbei meist um Mischformen zwischen den bei uns üblichen freien Handelsvertretern und fest angestellten Mitarbeitern |
| Handelsvertreterrecht | Es ist zu beachten, dass die zwingenden Bestimmungen des deutschen Handelsvertreterrechts gemäß § 92c HGB nicht für Handelsvertreter außerhalb der EU gelten |
| Exklusivverträge | Haben Sie sichergestellt, dass bei langfristigen Exklusivverträgen eine vorzeitige Vertragsbeendigung geregelt sein muss, falls die Leistungen des Vertreters unbefriedigend sind? |
| Umsatzziele | Haben Sie Umsatzziele vereinbart, an denen sich die tatsächlichen Leistungen Ihres Vertreters objektiv messen lassen? |
| Bonität – Zahlbarkeit von Provision | Ist sichergestellt, dass der Handelsvertreter angehalten ist, die Kreditwürdigkeit von Kunden laufend sorgfältig zu überprüfen? Zum Beispiel ist das dadurch umzusetzen, dass die Provisionen erst dann an den Vertreter ausgezahlt werden, wenn die Zahlungen des Kunden bei Ihnen eingegangen sind |
| Berichtspflicht | Enthält der Vertrag einen Passus, der den Handelsvertreter zu regelmäßigen Informationen über die Marktentwicklung (möglichst einmal pro Quartal) verpflichtet? Haben Sie Ihren Auslandsvertreter verpflichtet, regelmäßig einmal pro Monat über die für Ihr Unternehmen durchgeführte Arbeit zu berichten? |

**Tab. 8.4** Ausarbeitung von Verträgen mit Handelsvertretern [3]

| | |
|---|---|
| Bezeichnung des Vertrags | In der Überschrift des Vertrags sollte ausdrücklich festgehalten werden, dass es sich um einen Handelsvertretervertrag handelt |
| Vertragsparteien | Name, Anschrift (kein Postfach!), Rechtsform, gesetzlicher Vertreter, Sitz und Niederlassung müssen aufgeführt werden |
| Vertretung oder Alleinvertretung | Es ist anzugeben, ob der Handelsvertreter berechtigt sein soll, das Unternehmen in einem bestimmten Gebiet ausschließlich zu vertreten |
| Vertragsgebiet | Die räumliche und/oder persönliche (bestimmte Kunden) oder produktbezogene Abgrenzung ist zu definieren |
| Gegenstand der Vertretung | Eine Bezeichnung der Vertragsprodukte sollte unbedingt erfolgen |
| Pflichten des Handelsvertreters | Hierzu können zählen:<br>– Rechtsstellung gegenüber Dritten (Vollmacht zur Vermittlung oder zum Abschluss von Geschäften)<br>– Allgemeine Unterrichtung (z. B. über Marktsituation, Konkurrenz)<br>– Information über die eigene Tätigkeit<br>– Prüfung der Kreditwürdigkeit von Kunden<br>– Mindestumsatz<br>– Beteiligung an Messen und Ausstellungen<br>– Werbung |
| Pflichten des Unternehmens | Diese können beinhalten:<br>– Annahme von Aufträgen<br>– Überlassung von Preislisten, Werbematerial, Mustern<br>– Zahlung der Provision |
| Provision | Der Provisionssatz sowie die Art der Provisionsermittlung und -auszahlung sollten genau festgelegt werden |
| Vertragsdauer | Beginn und Laufzeit des Vertrags sind anzugeben. Kündigungsfristen sind zu nennen. Bei Unterstellung unter deutsches Recht § 89 HGB beachten! |
| Rechtsfolgen bei der Vertragsbeendigung | Zu regeln ist z. B., inwieweit der Handelsvertreter einen Ausgleichsanspruch erhält. Bei Unterstellung unter deutsches Recht ist Ausgleichsanspruch zwingend, wenn der Handelsvertreter im Gebiet der EU oder anderer Vertragsstaaten des Abkommens über den Europäischen Wirtschaftsraum (EWR) tätig ist |
| Wettbewerbsabreden | Zulässigkeit oder Verbot für den Handelsvertreter, zugleich für Konkurrenzfirmen tätig zu sein |
| Anzuwendendes Recht | |
| Eventuell Schiedsgerichtsvereinbarung | (Vorsorglich Extraurkunde) |
| Gerichtsstandvereinbarung | |
| Maßgebende Fassung | Bei mehrsprachig abgefassten Verträgen ist anzugeben, welcher Text für die Auslegung maßgebend sein soll |
| Unterschrift der Vertragsparteien mit Ort und Datum | |

## 8.3    Kaufvertrag

Der Kaufvertrag im grenzüberschreitenden Handel ist einer der häufigsten Verträge im Auslandsgeschäft. Grundsätzlich unterliegt der Kaufvertrag über bewegliche Güter keiner Formvorschrift, d. h., die schriftliche Form ist kein Muss. Im Prinzip handelt es sich um eine zweiseitige Willenserklärung, und einfach ausgedrückt kommt ein Kaufvertrag zustande durch Angebot und Annahme des Angebots. Da im Streitfall der Nachweis einer mündlich getroffenen Vereinbarung meist problematisch wird, empfiehlt sich die Schriftform. Dem Angebot geht die Anfrage durch den Importeur voraus und nach Annahme des Angebots sollte eine Auftragsbestätigung des Exporteurs erfolgen, damit alle Details eindeutig geregelt sind.

Der späteste Zeitpunkt des Kaufabschlusses ist die sog. schlüssige Handlung, d. h. der Versand der Ware. Auch hier liegt das Prinzip der zweiseitigen Willenserklärung zugrunde: Der Kunde bestellt, der Lieferant liefert.

In diesem Kapitel finden Sie Hinweise zu einigen Hauptbestandteilen des Vertrags, die in der Praxis immer wieder zu Komplikationen führen.

▶    **Tipp** Vertragsinterpretation und Rechtsauslegung sind im Ausland häufig anders gelagert als am heimischen Markt. Insofern ist es ratsam, erfahrene Juristen im jeweiligen Landesrecht hinzuzuziehen.

**Vertragssprache**
Vorzugsweise sollten Sie die deutsche Sprache als Vertragssprache wählen. Dies wird jedoch nicht immer durchsetzbar sein. Wurde keine Absprache über die Vertragssprache getroffen, so ist es handelsüblich, vom anwendbaren Recht auf die Vertragssprache zu schließen.

▶    **Tipp** Sparen Sie nicht an einer guten Vertragsübersetzung durch Fachübersetzer für Vertragsrecht. Sobald Sie sich nicht in Ihrer Muttersprache bewegen, müssen Sie von Risiken bezüglich Interpretation und verwendete Terminologie ausgehen.

**Anwendbares Recht und Gerichtsbarkeit**
Es empfiehlt sich unbedingt, das anwendbare Recht und die Gerichtsbarkeit eindeutig im Vertrag zu regeln. Grundsätzlich unterliegt es den beiden Vertragsparteien, diese frei zu wählen.

**Anwendbares Recht**  Im Fall des anwendbaren Rechts ersparen Sie sich durch eine klare Regelung im Kaufvertrag im Streitfall aufwendige gerichtliche Feststellungsverfahren, welches Recht zur Anwendung kommt.

▶    **Tipp** Versuchen Sie, grundsätzlich das Recht der Bundesrepublik Deutschland festzulegen. Abgesehen davon gilt seit dem 1. Januar 1991 in Deutschland für Auslandsgeschäfte automatisch das UN-Kaufrecht, kurz CISG bzw. United Nations Convention on Contracts for the International Sale of Goods. Dies wurde auf der Konferenz der UN-Kommission für Internationales Handelsrecht (UNI-CITRAL) von weiteren etwa 60 Ländern der Erde ratifiziert. Seltener wird es auch als Wiener UN-Kaufrecht bezeichnet.

Sollte keine Vereinbarung über das anwendbare Recht getroffen sein, so wird nach dem Internationalen Privatrecht (IPR) des jeweiligen Landes, das sich zuerst mit dem Streitfall beschäftigt, entschieden, welches Landesrecht angewandt wird. In der Regel führt das deutsche IPR zur Anwendung des deutschen Rechts und damit wiederum automatisch zur Anwendung des UN-Kaufrechts. Sollte sich jedoch erst das ausländische Gericht mit einem Streitfall befassen, kann es sein, dass Sie unerwartet mit dem Landesrecht des Gegners konfrontiert sind. Die Abwicklung wird damit für Sie extrem aufwendig – nicht zuletzt durch die Sprachbarriere.

**Gerichtsbarkeit** Hier handelt es sich um die Frage, ob sich die Vertragsparteien im Vertrag auf die ordentlichen, d. h. die staatlichen Gerichte oder ein Schiedsgericht einigen. Durch die Dauer bei der Abwicklung von Streitfällen vor ordentlichen deutschen Gerichten wählen immer mehr deutsche Exporteure ein Schiedsgericht. Hinzu kommt die Vollstreckbarkeit von Urteilen deutscher Gerichte im Ausland. Grundsätzlich sind diese nur gültig in Ländern, mit denen die Bundesrepublik Deutschland Vollstreckungsabkommen geschlossen hat. Sollte kein bilaterales Abkommen bestehen, hängt die Anerkennung des deutschen Urteils mit der Vollstreckung vom innerstaatlichen Recht des jeweiligen Landes ab.

Mit einer Schiedsgerichtsklausel verpflichten sich beide Vertragsparteien, bei allen Streitigkeiten, die nicht gütlich beizulegen sind, ein bestimmtes Schiedsgericht anzurufen (weiteres s. nachfolgend unter „Schiedsklauseln").

▶   **Tipp** Soweit in der Schiedsklausel nicht die Anwendung der Schiedsordnung des vorgesehenen Schiedsgerichts festgelegt ist, sollte in der Schiedsklausel die Besetzung des Schiedsgerichts geregelt werden. Schiedsgerichte finden Sie bei verschiedenen Handelskammern, Verbänden usw. Eines der bekanntesten Schiedsgerichte gehört der Internationalen Handelskammer in Paris an. Doch auch Zürich, Stockholm und London sind international renommierte Standorte. Zu Details geben die Handelskammern oder Fachanwälte Auskunft.

Prüfen Sie vor Vereinbarung der Schiedsgerichtsklausel, ob die Vollstreckbarkeit des Schiedsurteils im betreffenden Land gegeben ist. Behörden in Russland und dem Iran akzeptieren Schiedsgerichtsurteile nicht. Hier sollten Sie sich von einem kundigen Rechtsanwalt zu Alternativen beraten lassen.

Ein Hinweis zu Kosten: Zumeist sind Schiedsgerichtsurteile als Kostenfaktor interessant. Sie müssen jedoch nicht zwangsläufig kostengünstig sein. Bei den Schiedsgerichten können Sie die Gebührenordnung bei Bedarf erfragen. Es empfiehlt sich, die Anzahl der Schiedsrichter im Vertrag je nach Auftragswert festzulegen. Als praktikabel erweisen sich ein (für Auftragswerte unter 100.000 €) oder drei Schiedsrichter (für Auftragswerte über 100.000 €). Die Anzahl der Schiedsrichter ist kostenrelevant.

**Schiedsklauseln**

Schiedsklauseln werden i. d. R. aufgrund der schnelleren Abwicklung von Streitfällen, wie unter „Gerichtsbarkeit" beschrieben, geschlossen.

**Sie bieten jedoch weitere Vorteile:**

- Abwicklung eines Streitfalls über ein Vergleichsverfahren im gegenseitigen Einvernehmen, und zwar vor Eröffnung eines offiziellen Schiedsverfahrens, oder
- Eröffnung eines Schiedsverfahrens unter Ausschluss der Öffentlichkeit zur Wahrung von Betriebsgeheimnissen.
- Dauer der Abwicklung deutlich verkürzt im Vergleich zu ordentlichen Gerichten.
- Die Anerkennung und Vollstreckung von Schiedsgerichtsurteilen ist durch diverse internationale Abkommen geregelt, die von etwa 120 Ländern ratifiziert wurden. Russland und der Iran erkennen Schiedsgerichtsurteile jedoch nicht an (s. Abschn. 8.3).
- Die Vertragspartner können branchenerfahrene Fachleute zu Schiedsrichtern bestellen.
- Sie können die Verhandlungssprache frei wählen. Zumeist bietet sich aufgrund der Internationalität Englisch als Verhandlungssprache an.
- Der Ort des Schiedsgerichts ist ebenfalls durch die Vertragsparteien festzulegen. Damit sind weder Export- noch Lieferland ein entscheidender Punkt. Konsensfähig ist zumeist ein Ort, der für beide Seiten gut erreichbar ist (z. B. Frankfurt am Main für eine Verhandlung mit Kombination zur Verhandlung nach der deutschen Schiedsgerichtsordnung oder alternativ die Kammern in Zürich, Stockholm, Paris).

Dies sind in der Tat einige Vorteile, die für Ihre Geschäftstätigkeit wichtig sein können.

**Nicht verschwiegen werden sollten jedoch auch folgende Nachteile:**

- Schiedsgerichtsverfahren sind nicht anfechtbar, da nur eine Instanz verhandelt wird. Nur bei groben Verfahrensfehlern könnten Schiedsgerichtsurteile anfechtbar werden. Der Nachweis erweist sich jedoch in der Praxis als sehr schwierig.
- Auch offensichtlich unrichtige Schiedssprüche müssen von beiden Parteien akzeptiert werden. Eine Berufung oder Verhandlung über die ordentlichen Gerichte scheidet aus.
- Fachleute, die zu Schiedsrichtern berufen werden, müssen abgesehen von den Fachkenntnissen auch über die notwendige Zeit, Energie, Engagement und ein entsprechendes Standing verfügen. Es ist angeraten, Interessenkonflikte zu prüfen und zu vermeiden.

▶   **Tipp** Die Schiedsgerichtsklausel der Internationalen Handelskammer (ICC) Paris lautet [7]:

*„Alle aus dem gegenwärtigen Vertrag sich ergebenden Streitigkeiten werden nach der Vergleichs- und Schiedsgerichtsordnung der Internationalen Handelskammer von einem oder mehreren gemäß dieser Ordnung ernannten Schiedsrichtern endgültig entschieden".*

Es gibt weitere Schiedsklauseln anderer Institutionen, wie z. B. der Züricher Handelskammer, der Wirtschaftskammer Österreich oder der AAA International Arbitration Rules.

Es empfiehlt sich, eine Regelung in die Schiedsklausel aufzunehmen, dass Dokumente in der Originalsprache vorgelegt werden dürfen. Ansonsten entstehen durchaus hohe Übersetzungskosten je nach Sitz des Schiedsgerichts.

Auskunft dazu erteilen wiederum die Handelskammern bzw. die Deutsche Institution für Schiedsgerichtsbarkeit e. V. in Köln unter www.dis-arb.de. An dieser Stelle sei auch auf weiterführende Literatur [1, 6] bzw. auf Fachanwälte verwiesen.

**Zahlungssicherung**

Die Wahl der Zahlungsbedingungen entscheidet über die Sicherheit Ihres Zahlungseingangs. Außerdem sind Zahlungsbedingungen ein wichtiges Kalkulationselement für den Preis der Exportware und somit ein Wettbewerbsfaktor.

Grundsätzlich bewegen sich Zahlungsbedingungen im Spannungsfeld unterschiedlicher Interessenlagen von Exporteur und Importeur: Während der Exporteur versucht, die Zahlung zu einem möglichst frühen Zeitpunkt zu erhalten, ist der Importeur daran interessiert, möglichst spät die Zahlung zu veranlassen. In beiden Fällen geht es um Finanzierung und damit verbundene Kosten. Der Importeur trägt zusätzlich das Liefer- und Qualitätsrisiko.

**Wovon sind Zahlungsbedingungen abhängig?**

- Verhandlungsposition und Finanzkraft der beiden Vertragsparteien
- Markt- und Wettbewerbssituation
- Politische und wirtschaftliche Rahmenbedingungen
- Beschaffenheit, Qualität und Preis der Ware
- Vertrauensverhältnis der Vertragspartner

Die im Auslandsgeschäft üblichen Zahlungsbedingungen entnehmen Sie der Tab. 8.5. Die Vor- und Nachteile der einzelnen Zahlungsbedingungen sind in Tab. 8.6 aufgelistet.

▶   **Tipp** Zur Abwicklung von gesicherten Zahlungen, d. h. Lieferungen gegen Dokumente, steht Ihnen Ihre Hausbank mit deren Auslandsabteilung beratend zur Verfügung. Hilfreiche Kenntnisse vermitteln außerdem die Handelskammern oder Beratungsfirmen z. B. in Seminaren.

Prüfen Sie zusätzlich immer Länder- und Kundenrisiko. Für Akkreditive steht Ihnen Ihre Hausbank bei der Wahl einer zuverlässigen Auslandsbank zur Verfügung. Gegebenenfalls empfiehlt sich hier die weitere Absicherung durch eine Exportkreditversicherung, z. B. über die Euler-Hermes Kreditversicherung unter www.eulerhermes.de.

Berücksichtigen Sie Kosten für Kreditversicherung bzw. Abwicklung von Dokumentenzahlungen über Ihre Hausbank in Ihrer Preiskalkulation.

**Tab. 8.5** Übliche Zahlungsbedingungen im Auslandsgeschäft

| Zahlungsform | Merkmale | Absicherungsgrad |
| --- | --- | --- |
| Vorkasse/Pre-payment | Kaufpreis wird durch den Importeur vor Lieferung entrichtet (volle Höhe oder Teilbetrag) | **Exporteur:** kein Risiko <br> **Importeur:** hohes Risiko |
| Vorkasse gegen Bankgarantie bei Nichterfüllung | Siehe Vorkasse. Beide Parteien sind jedoch abgesichert, wenn sie ihren vertraglichen Verpflichtungen nicht nachkommen | Risiken für Exporteur und Importeur ausgewogen. Finanzierungskosten für Exporteur gering |
| Zahlung nach Erhalt der Ware | Lieferung erfolgt durch Exporteur. Importeur entrichtet Kaufpreis mit dem Wareneingang | **Exporteur:** hohes Risiko <br> **Importeur:** kein Risiko |
| Lieferung gegen offene Rechnung | Lieferung der Ware erfolgt durch Exporteur zusammen mit Rechnung. Importeur entrichtet Kaufpreis entsprechend dem festgelegten Zahlungsziel | **Exporteur:** hohes Risiko <br> **Importeur:** kein Risiko |
| Dokumente gegen Sichtzahlung/Dokumenteninkasso/documents against payment bzw. d/p | Lieferung der Ware an den Importeur und Aushändigung der vereinbarten Dokumente durch Exporteur an die Bank. Importeur nimmt die Dokumente von der Bank (inklusive Traditionspapiere[a]) gegen Zahlung auf | **Exporteur:** Risiko, dass Dokumentenaufnahme nicht erfolgt. **Importeur:** Qualitätsrisiko, Vollständigkeitsrisiko |
| Dokumente gegen Akzept/Dokumenteninkasso mit Akzept/documents against acceptance bzw. d/a | Lieferung der Ware an den Importeur und Aushändigung der vereinbarten Dokumente durch Exporteur an die Bank inklusive eines Akzeptes ausgestellt auf den Importeur. Üblich, wenn dem Importeur ein Ziel eingeräumt werden muss | **Exporteur:** Risiko der Nicht-Einlösung des Akzeptes bei Fälligkeit (Absicherung über Bank-Aval). **Importeur:** Qualitäts- und Quantitätsrisiko |
| Dokumentenakkreditiv (vorzugsweise bestätigt)/letter of credit bzw. l/c | Lieferung erfolgt durch Exporteur nach Erhalt des Akkreditivs über die Bank des Importeurs. Bezahlung durch die Bank des Importeurs gegen Aushändigung der vereinbarten Dokumente | **Exporteur:** sofern die Bedingungen des Akkreditivs erfüllt werden, kein Risiko (vorher Länderrisiken und Zuverlässigkeit der Auslandsbank prüfen lassen). **Importeur:** Qualitäts- und Quantitätsrisiko |

[a]Bei Traditionspapieren handelt es sich um Seekonnossemente bzw. Ladescheine. Der Besitzer hat damit das Recht auf Aushändigung der Ware. Dies gilt nicht bei Transportarten wie Bahn, Post, Luftfracht, Lkw oder Kurier. Hier kann Ware auch ohne Originaldokumente in Empfang genommen werden

**Tab. 8.6** Vor- und Nachteile von Zahlungsbedingungen

| Zahlungsform | Vorteile (ergänzend zu Tab. 8.5) | Nachteile (ergänzend zu Tab. 8.5) |
|---|---|---|
| Vorkasse/Pre-payment | Geringes Risiko für den Exporteur<br>Keine Zinskosten<br>Keine Finanzierungskosten beim Exporteur | In der Praxis häufig nicht durchsetzbar<br>Finanzierungskosten beim Importeur<br>Vertrauen seitens Importeur erforderlich |
| Vorkasse gegen Bankgarantie bei Nichterfüllung | Geringes Risiko für den Exporteur<br>Keine Zinskosten<br>Keine Finanzierungskosten beim Exporteur | In der Praxis häufig nicht durchsetzbar<br>Finanzierungskosten beim Importeur<br>Vertrauen seitens Importeur erforderlich |
| Zahlung nach Erhalt der Ware | Einfache Abwicklung<br>Kostengünstige Zahlungsbedingung im Auslandsgeschäft | Exporteur trägt das volle Zahlungsrisiko<br>Belastung der Liquidität durch erforderliche Vorfinanzierung seitens Exporteur<br>Vertrauensverhältnis zwischen Importeur und Exporteur erforderlich |
| Lieferung gegen offene Rechnung | Einfache Abwicklung<br>Kostengünstige Zahlungsbedingung im Auslandsgeschäft | Exporteur trägt das volle Zahlungsrisiko<br>Belastung der Liquidität durch erforderliche Vorfinanzierung seitens Exporteur<br>Vertrauensverhältnis zwischen Importeur und Exporteur erforderlich |
| Dokumente gegen Sicht-Zahlung/ Dokumenteninkasso/documents against payment bzw. d/p | Dokumente und Ware werden erst nach Zahlung ausgehändigt<br>Abwicklung erfolgt über die jeweilige Hausbank | Interne Abwicklung aufwendig – Fachkenntnisse erforderlich<br>Zusätzliche Kosten für Abwicklung über Banken |
| Dokumente gegen Akzept/ Dokumenteninkasso mit Akzept/documents against acceptance bzw. d/a | Hausbank als wertvoller Berater in der Abwicklung<br>Hohe Sicherheit für Exporteur | Interne Abwicklung aufwendig – Fachkenntnisse erforderlich<br>Kosten für Abwicklung über Banken – Höhe vorher prüfen und gegebenenfalls in Kalkulation berücksichtigen |
| Dokumentenakkreditiv (vorzugsweise bestätigt)/letter of credit bzw. l/c | Hausbank als wertvoller Berater in der Abwicklung<br>Hohe Sicherheit für Exporteur, wenn die L/C-Bedingungen erfüllt werden | Interne Abwicklung aufwendig – Fachkenntnisse erforderlich.<br>Zusätzlich Abwicklungskosten für die Banken in der Kalkulation berücksichtigen. Entscheidend sind Bonität des Importeurs und seiner Bank sowie das Länderrisiko |

**Lieferbedingungen**

Lieferbedingungen sind ein Muss im Kaufvertrag. Im grenzüberschreitenden Handel empfiehlt sich hier die Anwendung der Incoterms®. Verfasst wurden sie erstmalig im Jahr 1936 durch die Internationale Handelskammer Paris zur Eindeutigkeit bei internationalen Geschäften. Zwischenzeitlich ist die gültige Fassung von 2010. Durch die festgelegte Regelung des Kosten- und Gefahrenübergangs sowie der Sorgfaltspflichten ersparen sich die Vertragsparteien aufwendige Absprachen über Verantwortlichkeiten. Die Incoterms® gelten branchenübergreifend. Wichtig ist, dass Sie die Kosten in Ihrer Exportkalkulation berücksichtigen.

**Im Detail werden die Verantwortlichkeiten geregelt für:**

- Ausfuhr-/Einfuhrabfertigung
- Frachtkosten
- Transportrisiko
- Beschaffung der Export- bzw. Importdokumente
- Transportauftrag
- Versandanzeige

**Wo kommen Incoterms® an ihre Grenzen? Folgende Punkte werden nicht geregelt:**

- Eigentumsübergang der Ware
- Mängelrüge
- Zahlungsbedingungen
- Anwendbares Recht
- Gerichtsbarkeit und Gerichtsstand

**Die Incoterms® 2010 werden in zwei Klassen aufgeteilt:**

- für jede Transportart: EXW, FCA, CPT, CIP, DAT, DAP, DDP
- für See- und Binnenschiffstransport: FAS, FOB, CFR, CIF

**Alternativen zu den INCOTERMS® [5]:**
- Verwendung von Trade Terms, d. h. nationaler Handelsbräuche. Insbesondere US-amerikanische Exporteure verwenden noch heute gern z. B. die US-Lieferklauseln von 1941.

Es ist jedoch unbedingt empfehlenswert, bei allen Auslandsgeschäften den Incoterms® den Vorzug zu geben. Sie sind eindeutig und im grenzüberschreitenden Verkehr international einheitlich geregelt und anerkannt.

Eine Übersicht der aktuell gültigen Incoterms® 2010 ist im Anhang beigefügt (Abschn. 13.5). Weitere Darstellungen sind dazu auch im Internet erhältlich, z. B. unter www.iccgermany.de oder in weiterführender Literatur s. [6] oder [4] im Literaturverzeichnis von Kap. 10.

**Zur Gültigkeit ist es wichtig, dass Sie die Incoterms® korrekt anwenden:**

- Immer mit Angabe der gültigen Fassung, vorzugsweise die aktuelle: Incoterms ® 2010
- Das Kürzel mit drei Buchstaben und in großen Lettern schreiben, wie z. B. FCA oder DAP
- Immer mit Angabe des Orts (E/F/D-Klauseln mit Angabe des Lieferorts, C-Klauseln mit Angabe des Abnahmeorts)
- Richtige Wahl des zutreffenden Incoterms (bei Lkw-Versand z. B. keine Seefracht-klausel – CIF Teheran ist falsch!)
- Bei jedem Kaufvertrag

▷ **Tipp** Es sei auch darauf hingewiesen, dass eine pauschale Regelung über die AGB nicht ausreichend ist. In der Tat ist dies für jeden einzelnen Kaufvertrag festzulegen und damit spätestens mit Andruck des gültigen Incoterms auf der Rechnung.

**Beispiel:** FCA Köln (Incoterms ® 2010) oder CIF Busan (Incoterms ® 2010)

Bei falscher Anwendung der Incoterms® werden die ordentlichen Gerichte sie für ungültig erklären und i. d. R. das UN-Kaufrecht/CISG anwenden. Im Fall von Transportschäden wird die Versicherung immer prüfen, ob sie auf Basis der Incoterms® zur Schadensübernahme verpflichtet ist.

Erfahrungsgemäß werden Verpackungskosten häufig vernachlässigt. Je nach Beschaffenheit der Ware sollten Sie diese ausdrücklich in den Kaufver-trag aufnehmen.

## Literatur

1. Brenner H, Fuchs B, Gailler S, Sefrin M (2017) 66 Checklisten für den Export, 2. Aufl. Bundesanzeiger, Köln, S 85–87
2. Brenner H, Fuchs B, Gailler S, Sefrin M (2017) 66 Checklisten für den Export, 2. Aufl. Bundesanzeiger, Köln, S 102–103
3. Brenner H, Fuchs B, Gailler S, Sefrin M (2017) 66 Checklisten für den Export, 2. Aufl. Bundesanzeiger, Köln, S 104–105
4. Brenner H, Fuchs B, Gailler S, Sefrin M (2017) 66 Checklisten für den Export, 2. Aufl. Bundesanzeiger, Köln, S 108–109
5. Brenner H, Fuchs B, Gailler S, Sefrin M (2017) 66 Checklisten für den Export, 2. Aufl. Bundesanzeiger, Köln, S 163–165
6. Brenner H, Zillmer M, Berger M (2017) Vertragsgestaltung für Exporteure. Springer Gabler, Wiesbaden
7. ICC Paris. https://cdn.iccwbo.org/content/uploads/sites/3/2016/11/Standard-ICC-Arbitra-tion-Clause-in-GERMAN-1.pdf. Zugegriffen: 25. Mai 2019
8. Scheuring H (2003) 6 Die gebräuchlichsten Dokumente im Außenhandel. In: Brenner H, Gößl M, Scheuring H (Hrsg) Export für Einsteiger. Deutscher Wirtschaftsdienst, München, S 81–98

# Vertriebliche Besonderheiten

9

**Zusammenfassung**

In diesem Kapitel sei besonders auf interkulturelle Besonderheiten verwiesen. Immer wieder vernachlässigt bzw. unterschätzt, sind sie entscheidend bei geschäftlichen wie auch privaten Beziehungen. Jede Kultur weist einen anderen geschichtlichen Hintergrund auf, der uns bis in die Moderne prägt und entsprechend handeln lässt. Hinzu kommen Erfahrungen aus der Kindheit, die national geprägte Bildung sowie die Werteordnung einer Gesellschaft. Die Summe resultiert in bestimmten Handlungsweisen, die wir auch im Geschäftsleben antreffen und häufig nicht nachvollziehen können. Wenn Sie international erfolgreich sein wollen, kommen Sie nicht umhin, diesem Thema Beachtung zu schenken. Aber was konkret ist nun anders als bei uns? Sie finden hier eine Zusammenfassung zu wichtigen Exportländern Deutschlands, basierend auf persönlichen und langjährigen Praxiserfahrungen der Autoren. Ein Anspruch auf Vollständigkeit wird nicht erhoben.

## 9.1 Frankreich

Auch wenn unsere westlichen Nachbarn uns als Individualisten bekannt sind, so gilt dennoch in den französischen Unternehmen *„Le patron c'est le patron!"* (Der Patron ist der Patron). In der Tat steht der Patron über allen. Seine Bildung und seine französische Sprache wird er immer als Instrument einsetzen.

**Wie stellt sich das in der Praxis dar?**
Die Anrede ist ein sehr komplexes Thema. In den Bereichen Werbung und Marketing dominiert heute die Anrede mit dem Vornamen und dem Du über die Hierarchien hinweg. In traditionellen Unternehmen hingegen werden Sie eine Mischung aus Anrede mit

Monsieur/Madame sowie Du und Sie vorfinden. Eine Ansprache mit Vornamen erfolgt nur, wenn man sich lange kennt. Oftmals verwendet der Patron Du oder Sie und spricht den Mitarbeiter beim Vornamen an, manchmal auch beim Nachnamen. Der Mitarbeiter spricht seinen Chef eher mit einem Monsieur an und fügt manchmal auch den Nachnamen an (z. B. Monsieur Leroc) oder den Titel, wie z. B. Monsieur le Directeur. Ein Vorstandsvorsitzender wird angesprochen mit „Mon Président". Eine Ansprache des Chefs durch den Mitarbeiter beim Vornamen ist eher unüblich.

In meiner Berufspraxis war ich lange Jahre intensiv mit französischen Firmen im Austausch. Dieses Thema erschien mir letzten Endes immer sehr undurchsichtig. Bewegen Sie sich deshalb respektvoll. Erst wenn der französische Partner eine Lockerung der Ansprache anbietet, sollten Sie dies tun. Die Franzosen haben angeblich die schönste Sprache der Welt und sie spielen mit ihr! Eine direkte Ansprache von Problemen oder Dingen ist eher unüblich – man umschreibt hier sehr elegant. Konflikte werden i. d. R. nicht ausgetragen. Der Umgangsstil v. a. gegenüber Frauen muss immer höflich, korrekt und wertschätzend bleiben. Kritik wird selbst bei Vier-Augen-Gesprächen sehr gut verpackt. Das heißt, lesen Sie zwischen den Zeilen!

Wollen Sie ein Ziel erreichen, so müssen Sie mit dem Patron sprechen, und zwar vor einem Meeting. Ein deutscher Manager wird bei neuen Aufgaben eine Sitzung einberufen, bei der alle Beteiligten den Projektplan, dessen Umsetzung diskutieren und konsensorientiert Vereinbarungen bzw. Lösungen treffen bzw. finden. Ein französischer Projektleiter wird eher „zufällig" ein Gespräch mit seinem Chef beginnen. Dabei stimmt er dann die wichtigsten Themen und Vorgehen mit seinem Patron ab. Sobald er dessen Rückhalt hat, ist das Vorgehen mit den wichtigsten Projektbeteiligten ähnlich. Erst dann wird ein Meeting einberufen, bei dem das Vorgehen verkündet wird. Überraschen Sie den Patron in einer Konferenz nicht mit neuen Ideen: Er könnte das Meeting erbost verlassen. Auch das habe ich in meiner Praxis erlebt und als Anfänger in der interkulturellen Beziehung zu Franzosen war ich davon sehr irritiert.

Beziehungen sind wichtig! Das ist die Grundlage für Ihren Erfolg. Nutzen Sie dazu ausgedehnte Mittag-/Abendessen und sprechen Sie dabei nicht – oder nur ganz knapp und am Ende – über geschäftliche Themen. Suchen Sie Gemeinsamkeiten und bewundern Sie die französische Sprache. Bleiben Sie auch in diesem Kontext immer höflich und respektvoll gegenüber Ihren Gastgebern.

Unsere gewohnt direkte Ansprache, Klärung von Themen beim Abendessen oder ein Überstülpen, wie z. B. von Abläufen, wird zum Killer Ihres Geschäfts bzw. Ihrer Beziehung – ohne dass ein objektiver Grund für das Scheitern erkennbar ist. Nur ein Verständnis bzw. zumindest die Akzeptanz dieser Fakten werden Ihnen zum Erfolg verhelfen. Viele deutsche Kollegen beklagen die Unmöglichkeit des Marktzugangs in Frankreich. Sie können sich nicht oder nur schwer in diese Verhaltensregeln begeben und das Spiel spielen. Lernen Sie es! Es lohnt sich. Eine beiderseitig respektvolle Geschäftsbeziehung kann zu einer tiefen Freundschaft werden.

## 9.2   USA

Die USA sind das Land der unbegrenzten Möglichkeiten und der Extreme, wie z. B. arm und reich oder auch politisch gesehen. Viele Handlungsweisen und Entscheidungen erscheinen uns als Europäer nicht nachvollziehbar. Um hier besser zu verstehen, sollte man sich – wie auch bei anderen Ländern – auf die Geschichte des Landes besinnen.

Die US-amerikanische Kultur ist geprägt von der Pionierzeit [1]. Das heißt, zum Überleben mussten schnelle und pragmatische Entscheidungen getroffen werden. Davon ist auch das Geschäftsleben geprägt. Abrechnungszeitraum von US-Firmen ist i. d. R. ein Quartal. So werden Investitionen schneller überprüft und müssen früher Ertrag bringen, als es in unserer Geschäftswelt verankert ist. *„Jeder kann alles erreichen, wenn er nur will"* und die Überzeugung, dass man im besten Land der Welt lebt („god's own country"; [1]) sind die Maximen, die die US-Amerikaner treiben. Ganz nach dem Motto *„Wer nicht für uns ist, der ist gegen uns"* ist davon auch das Geschäftsleben nicht unbeeinflusst.

**Wie stellt sich das in der Praxis dar?**
Ganz der Pionierzeit folgend, will ein US-Amerikaner heute sofort wissen, wie er sein Gegenüber einordnen kann: Freund oder Feind? So kommt es zu dem sehr offenen Dialog schon beim Kennenlernen und geradezu einem Drang, den Gesprächspartner schnell „greifen" zu können.

Dennoch werden kritische Aspekte so verpackt, dass es nicht zu Verletzungen kommt. Schließlich musste man während der Besiedelung immer darauf achten, dass man mit jedem gut auskam. Es gilt: Lesen Sie zwischen den Zeilen! Auch hier sprechen wir von einem beziehungsorientierten Umgang. Das soziale Miteinander und das Engagement für die Gesellschaft sind wichtig. Organisieren Sie z. B. ein Barbecue/BBQ, d. h. einen Grillabend mit Ihren Geschäftspartnern! Der Small Talk hat einen hohen Stellenwert – auch wenn er bei uns landläufig als oberflächlich empfunden wird. Der US-Amerikaner sucht jedoch nach gemeinsamen Interessen.

Aufrichtigkeit ist ein Muss! Sollten hier Zweifel bestehen, wird so lange insistiert, bis man die Wahrheit kennt. Das heißt, nehmen Sie Ihren US-Gesprächspartner ernst. Versuchen Sie nicht, etwas zu verheimlichen oder zu beschönigen. Er wird es Ihnen übel nehmen und soweit wie möglich darauf antworten. Die VW-Abgasskandal ist ein Bespiel dafür. Die VW-Manager versuchten, bei den Behörden das Ausmaß der geschönten Werte herunterzuspielen. Resultat: Die US-Behörden griffen hart durch und statuierten ein Exempel.

Verhandlungen verlaufen oft hart, aber im Normalfall fair. US-Geschäftspartner gelten als geschickte Verhandlungspartner. Ist der Deal zustande gekommen, dann gilt: „A deal is a deal". Typisches Beispiel für wirklich harte Verhandlungen bzw. falls sich Ihre US-Partner missachtet fühlen: kleiner Besprechungsraum, der Gesprächspartner der

US-Amerikaner sitzt mit dem Rücken zur Tür und wird möglicherweise von der einfallenden Sonne geblendet.

Kommen Sie auch in Meetings schnell auf den Punkt und vermitteln Sie, warum Ihre Idee oder Ihr Produkt die oder das beste ist. Gemeinsam Geschäfte zu machen und Gewinn zu erzielen, gilt als erstrebenswert. Der Erfolgreiche wird bewundert und nicht beneidet. Bitte halten Sie keine langatmigen und hoch technischen Präsentationen. Kernbotschaften sollten Sie am besten plakativ darstellen.

Wichtige Aspekte werden auch in dieser Kultur vorab und informell besprochen. In Meetings geht es um die Einhaltung der Agenda – Zeitmanagement ist alles. Protokolle werden erwartet, in denen vor allem Resultate, Zuständigkeiten und der Zeitplan festzuhalten sind.

Achtung, wenn es darum geht, Geschäftsbeziehungen zu boykottierten, oder um sog. Schurkenstaaten (Beispiel Iran) oder Korruption: Um sich in den USA nicht strafbar zu machen, sind US-Amerikaner gezwungen, beim Aufkommen solcher Themen Besprechungen zu verlassen!

## 9.3    China

China hat sich in vielen Bereichen zum größten Markt der Welt entwickelt. Dies gilt für Konsumgüter, in zunehmendem Maß aber auch für Investitionsgüter. Beim Aufbau und bei der Führung von Vertriebssystemen in China sind unterschiedliche Regularien zu berücksichtigen ebenso wie undurchsichtige Geschäftspraktiken und ein mangelnder Schutz der Marken und des geistigen Eigentums. Chinesische Konsumenten haben sich in den vergangenen Jahren in kaum vergleichbarer Weise entwickelt. Sie werden anspruchsvoller, sowohl was das Angebot als auch was den Service angeht.

**Was bedeutet dies in der Praxis?**
Eine mehrere Hundert Millionen Menschen umfassende Mittelschicht legt Wert auf Luxus, liebt Genuss und Unterhaltung. Für den deutschen Exporteur bedeutet dies: Anpassung an den Markt, sowohl was die Funktionalität als auch was die Qualitätsansprüche betrifft.

Eine Vielzahl von Vertretern wie auch von Handelsunternehmen ist im chinesischen Markt tätig, z. T. nur konzentriert auf einzelne Regionen. Zu berücksichtigen ist, dass in gewissem Umfang noch Staatsfirmen den Markt deutlich dominieren. Die Suche nach dem geeigneten Vertriebspartner, insbesondere nach qualifizierten Handelsvertretern, gestaltet sich sehr schwierig.

Wie in allen anderen Ländern, speziell aber in China, hängen die Erfolgsaussichten des Markteintritts von einer sehr gründlichen Vorbereitung ab. Noch ist es in China sehr problematisch, verlässliche und aussagefähige Marktinformationen zu bekommen. Beinahe alle statistischen Daten kommen von staatlichen Stellen und bilden häufig kaum die Basis für eine verlässliche Marktforschung. Dies erschwert auch eine zuverlässige Marketingpolitik, die insbesondere von Anfang an auf die Besonderheiten und Vorzüge des angebotenen Produktprogramms hinweist.

Nicht mehr so ausgeprägt wie in der Vergangenheit wird immer noch sehr viel Wert auf Empfehlung und Referenzen anerkannter Meinungsführer und renommierter Persönlichkeiten gelegt: „Guanxi" – Beziehungsnetzwerk.

Von sehr großer Bedeutung ist es, für den deutschen Lieferanten den Vertrieb nicht nur straff zu organisieren, sondern dessen Arbeit auch laufend zu kontrollieren, denn Kunden und Wettbewerber verändern sich häufig und es besteht ein nach wie vor großer Mangel an vertrauenswürdigen und aktuellen Informationen. So ist es notwendig, den Vertriebspartner bei der laufenden Vertriebskontrolle zu unterstützen durch eine standardisierte Dokumentation der vertrieblichen Aktivitäten. Nach wie vor kann es bei der Steuerung des Vertriebspartners zu Problemen kommen wegen der immer noch weit verbreiteten Korruption.

Insbesondere beim Einsatz von Vertretern entstehen immer wieder Probleme durch zahlungsunwillige Kunden bzw. Schuldner. Daher ist es eventuell empfehlenswert, mit den Vertretern eine zahlungseingangsabhängige Provision zu vereinbaren.

Alles ist im Fluss! Daher ist es unbedingt erforderlich, einen regelmäßigen persönlichen Kontakt seitens des deutschen Lieferanten mit seinen Vertriebspartnern im Land selbst sicherzustellen.

## 9.4   Japan

Japanische Kunden zählen zu den anspruchsvollsten der Welt. Kunden zu gewinnen, zu überzeugen und möglichst lange zu erhalten, ist in kaum einem Land schwieriger, zeitaufwendiger und mit höheren Kosten verbunden als in Japan.

**Was bedeutet dies in der Praxis?**
Qualität und Service spielen in kaum einem anderen Lande der Welt eine größere Rolle als in Japan. Von der exklusiven Verpackung, die dem japanischen Geschmack entsprechen muss, über die der japanischen Mentalität angepasste individuelle Betreuung bis hin zum tadellosen Service erwartet der japanische Kunde, dass sich insbesondere auch ausländische Unternehmen diesen japanischen Gepflogenheiten anpassen oder diese gar noch übertreffen.

Die Vielzahl der Vertreter und Handelshäuser, die in Japan tätig sind, darf nicht darüber hinwegtäuschen, dass es für deutsche Anbieter sehr schwierig ist, den geeigneten Vertriebspartner zu gewinnen und langfristig in die eigene Organisation zu integrieren. Sowohl bei der Suche als auch bei der Einarbeitung und der langfristigen Zusammenarbeit spielen die andersartigen Kulturen eine wesentliche Rolle.

Ein für deutsche Firmen immer wieder auftretendes Problem ist, speziell auch in Japan, der Wunsch, exklusiv für den deutschen Lieferanten tätig zu sein. Exklusive Vertriebsverträge sollten möglichst nur auf eine bestimmte Region Japans oder auf bestimmte Kundengruppen beschränkt werden – wenn sich dies gegenüber dem interessierten Vertriebspartner durchsetzen lässt.

Flexibilität seitens des deutschen Lieferanten wird insbesondere auch dann gefordert, wenn es gilt, spezielle Wünsche des Kunden bzw. des Vertriebspartners zu erfüllen. Kaum in einem Land der Welt wird der deutsche Lieferant stärker mit Sonderwünschen konfrontiert, als dies bei japanischen Kunden, Vertretern oder Distributoren zu beobachten ist. Insbesondere die Betreuung des japanischen Vertriebspartners erfordert eine hohe Sensibilität, ein ständiges Verfügbarsein und ein stetiges Eingehen auf Sonderwünsche. Der hiermit verbundene Zeitaufwand für den Einstieg im japanischen Markt erfordert viel Geduld, ein ständiges Eingehen auf spezielle Produktanforderungen und eine intensive laufende Betreuung des Vertriebspartners. Die Einführung beispielsweise von speziellen deutschen Nahrungsmitteln nach Japan ist mit einem Zeitaufwand vom ersten Kontakt bis zur ersten Lieferung von etwa sieben Jahren verbunden.

## 9.5   Osteuropa

Die osteuropäischen Staaten, allen voran Russland, sind bekannt für ihre große Duldsamkeit. Die Familie und die Gemeinschaft ermöglichten das Überleben in oftmals rauen klimatischen Verhältnissen und klare Hierarchien mit Gutsherren und Zaren. [2] Das Wir im Kollektiv ist entscheidend.

**Was bedeutet dies in der Praxis?**
Beziehungen sind zum Einstieg oft eher zurückhaltend, von Bescheidenheit geprägt und abwartend. Ältere Menschen und Frauen werden äußerst respektvoll behandelt. Der Handkuss kann bei Frauen noch immer praktiziert werden.

Starke Führungsfiguren sind die Regel bei einem stark kollektiv geprägten Verhalten der Mitarbeiter. Die individuelle Meinung ist nicht entscheidend.

Das Geschäftsleben ist von Pragmatismus bestimmt und kann eine ideale Ergänzung zu dem uns bekannten planerischen Verhalten darstellen. Osteuropäer arbeiten mit den vorhandenen Mitteln und erzielen damit das bestmögliche Ergebnis nach ihren Erfahrungen und Möglichkeiten. Es wird getan, was für das Kollektiv erforderlich und richtig ist.

Für Osteuropäer stehen der Mensch und die Beziehung im Mittelpunkt. Man braucht Zeit und Geduld, und die Gastfreundschaft, die ich auch persönlich erfahren durfte, ist sehr hoch angesiedelt. Eine Einladung darf nicht ausgeschlagen werden und kommt einer Beleidigung gleich!

Der Osteuropäer, v. a. aus Russland, möchte von Ihren Ideen bzw. Produkten überzeugt sein. Deshalb entstehen zeitaufwendige Diskussionen bis in die letzten Details.

Immer wieder werden Fragen gestellt und oft kommt man auf einen Punkt wieder zurück. Man möchte ganz sichergehen!

Entscheidungen von oben werden akzeptiert, sollten jedoch erklärt werden. Wenn eine Entscheidung gefällt, aber nicht detailliert erläutert wurde, wird oft noch langwierig diskutiert. Es ist daher zu empfehlen, die Entscheidung ausführlich zu kommentieren.

Nicht zu verleugnen ist die mitunter noch ausgeprägte Korruption in Osteuropa. Sie wird als legitime Gegenleistung erwartet und geht, etwa für Russland, auf die Zarenzeit zurück, als Beamte durch diese Zuwendungen ihren Unterhalt verdienen mussten. Korruption ist auch heute noch ein schwieriges Thema, das unsere Wirtschaftsbeziehungen zu diesen Staaten oft lähmt, v. a. weil es in solchen Fällen immer häufiger zu Ahndungen in unserem Rechtsbereich kommt. Das Prinzip „andere Länder, andere Sitten" wird nicht (mehr) akzeptiert (s. dazu auch Abschn. 4.4).

## 9.6   Türkei

Die Türkei ist mit einer Bevölkerung von nahezu 80 Mio. Menschen ein bemerkenswerter Absatzmarkt am Schnittpunkt zwischen Europa und Asien. Dank einer jungen konsumfreudigen Bevölkerung und einer sehr schnell wachsenden Mittelschicht sind die Wachstumsaussichten gut. Eine wachsende Nachfrage dieser Mittelschicht sowie laufende und geplante Infrastrukturprojekte sorgen für eine interessante Nachfrage und Impulse.

**Was bedeutet dies in der Praxis?**
Produkte „Made in Germany" sind in der Türkei hoch angesehen und deutsche Unternehmen genießen als Technologiepartner einen sehr guten Ruf. Deutschland war in den vergangenen Jahren neben Russland und China größter Lieferant der Türkei und insbesondere für Firmen aus den Bereichen Kraftfahrzeugindustrie, Lebensmittelverarbeitung, Medizintechnik und dem Umweltsektor boten sich vor allen anderen Branchen sehr günstige Absatzmöglichkeiten.

Heute leben in der Türkei Millionen von Türken, die irgendwann einmal in Deutschland gelebt und gearbeitet haben. Seit Jahrzehnten ist Deutschland der wichtigste Handelspartner der Türkei. Unter den Touristen bilden die Deutschen die größte Gruppe. Dennoch wird die Türkei von der breiten Masse in Deutschland verkannt oder aber man hat oft ganz falsche Vorstellungen. Die grundsätzliche Einstellung der Türken gegenüber den Deutschen ist i. d. R. freundlich. Deutsche gelten als zuverlässig und vertrauenswürdig. In diese freundliche Einstellung mischt sich aber langsam Bitterkeit, zurückzuführen auf manche politische Entwicklung der letzten Zeit und auf das Gefühl der Deutschtürken, im Allgemeinen verachtet zu werden.

Die Unternehmenskultur ist ein Gemisch aus traditionellen Normen und einer relativ jungen und dynamischen Unternehmenskultur. Die junge Generation türkischer

Manager, die in den neuen türkischen Eliteuniversitäten und in den USA sowie Europa studiert haben, sorgt für den Wandel. Eine neue Managementgeneration hat sich längst an westliche Standards angepasst. Die modernen Managementmethoden sind ihnen geläufig. Sie sind hoch motiviert und sehr erfolgsorientiert, sind mutiger, toleranter und entscheidungsfreudiger als vielleicht manche westlichen Manager.

Verbale Kommunikation ist in der türkischen Geschäftswelt wichtiger als die schriftliche. Deshalb ist Schriftverkehr weniger üblich als in Deutschland und im Durchschnitt liest der türkische Geschäftsmann nicht sehr gern.

Die türkische Wirtschaft hat sich in wenigen Jahrzehnten von einer Agrarwirtschaft zu einer effizienten Volkswirtschaft entwickelt, wenn auch mit einem noch ausgeprägten West-Ost-Gefälle. Dem industrialisierten Westen mit seinen modernen Industrien und florierendem Tourismus steht ein von Agrarwirtschaft geprägter und infrastrukturell unterentwickelter Osten gegenüber.

## 9.7    Schweiz

Unsere Schweizer Nachbarn sind geprägt durch eine multikulturelle Gesellschaft. Es gibt vier Amtssprachen: Deutsch, Französisch, Italienisch und Rätoromanisch. Die Schweiz hat prozentual den höchsten Anteil an Immigranten. Etwa 35–40 % der Gesellschaft sind Bürger mit Migrationshintergrund. Der Anteil an ausländischen Führungskräften in den Unternehmen liegt bei etwa 30 %. Darüber hinaus gibt es viele Grenzgänger, die in der Schweiz arbeiten, jedoch im benachbarten Ausland wohnen. Grundsätzlich sind die Beziehungen zwischen Deutschland und der Schweiz in der Mehrheit deutsch geprägt. Und auch hier gibt es interkulturelle Unterschiede, wenn es auch aufgrund der Völkervielfalt keine kulturell übergreifenden Werte gibt. Das Kommunikationsverhalten gilt als Erfolgsrezept für das erfolgreiche Zusammenleben dieser multikulturellen Gesellschaft [3].

**Was bedeutet dies in der Praxis?**
Schweizer bilden sich lebenslang weiter, Weiterbildung garantiert Erfolg. Seien Sie deshalb nicht über zahlreiche Weiterbildungen und Beschäftigungen erstaunt.

Schweizer sind pragmatisch und sorgfältig im Umgang mit allen – auch den menschlichen – Ressourcen. Kritische Themen werden vor Besprechungen in Vier-Augen-Gesprächen geklärt, auch ohne Beachtung von Hierarchiestufen. Wenn Deutschschweizer Konflikte offen thematisieren, dann müssen wir bereits von einer Eskalation sprechen. Persönliche Beziehungen tragen. Man geht höflich und sehr respektvoll miteinander um. Auch hier gilt: Lesen Sie zwischen den Zeilen. Kritik gibt es jedoch in Besprechungen kaum. Besprechungen verlaufen harmonisch und im Konsens.

## 9.8    Österreich

Auch unsere österreichischen Nachbarn sind – ähnlich wie die Schweiz – von verschiedenen Kulturen geprägt. Die Geschichte zeigt, dass durch geschickte Verhandlungs- und Heiratspolitik das Machtgebiet Österreichs ausgedehnt wurde [4]. Heute sehen wir, dass die Volksgruppen Österreichs sehr unterschiedlich sein können. Ein Vorarlberger ist mit der deutschen Schweiz näher verbunden als mit einem Tiroler oder einem Wiener.

**Was bedeutet dies in der Praxis?**
Wir sehen ein großes diplomatisches Verhandlungsgeschick. Die Gesellschaft ist geprägt von respektvollem und höflichem Umgang miteinander. Vielen ist der berühmte Wiener Schmäh ein Begriff. Wichtig ist, dass Sie in der Ansprache alle Titel Ihres Geschäftspartners nennen – und zwar schriftlich wie auch mündlich. Erst wenn Ihr Kontakt auf diese Ansprache verzichtet, dann kann er ohne Titel angesprochen werden. Im Schriftlichen sollten Sie jedoch darauf niemals verzichten.

Auch hier gibt es selten eine direkte Ansprache von Problemen. Ziel ist es, tragfähige Kompromisse zu erreichen. Wie auch in der Schweiz ist das Verhandlungsverhalten als fair einzustufen.

## Literatur

1. Haller PM, Nägele U (2013) Praxishandbuch Interkulturelles Management. Springer Gabler, Wiesbaden, S 125–134
2. Haller PM, Nägele U (2013) Praxishandbuch Interkulturelles Management. Springer Gabler, Wiesbaden, S 120–122
3. Haller PM, Nägele U (2013) Praxishandbuch Interkulturelles Management. Springer Gabler, Wiesbaden, S 90–92
4. Haller PM, Nägele U (2013) Praxishandbuch Interkulturelles Management. Springer Gabler, Wiesbaden, S 93–94

# Exportkalkulation und die gebräuchlichsten Exportdokumente

**10**

**Zusammenfassung**

Die Exportkalkulation dient der vollen Kostendeckung bei ausreichendem Absatz und angemessenem Gewinn. Es entstehen im Auslandsgeschäft andere – und v. a. oft zusätzliche – Kosten, die im Inlandsgeschäft so nicht immer bekannt sind. Die Liste kann je nach Zielmarkt sehr lang sein! Schnell sind hier durch mangelnde Erfahrung Fehler vorprogrammiert, die Ihr Vorhaben negativ beeinflussen oder sogar zum Scheitern bringen können. Welche Kosten, welche Preisbasis sind zu berücksichtigen? In diesem Kapitel finden Sie ein Kalkulationsschema, das Ihre Preisgebung und somit Ihre Expansionspläne absichert. Dann endlich sind alle vertrieblichen Voraussetzungen für den Export getroffen! Mit der Auftragsbestätigung ist ein Liefervertrag zustande gekommen, der nun innerhalb der vereinbarten Frist abzuwickeln ist. Im Exportgeschäft gibt es eine Vielzahl von Dokumenten, die bei Inlandsabwicklungen nicht erforderlich sind. Und nicht zuletzt gibt es auch Unterlagen, die vom Einfuhrland zusätzlich vorgeschrieben werden. Unterschieden wird dabei zwischen Ausfuhr in EU-Staaten und Drittländer. Dies bedarf profunder Kenntnisse und somit ausgebildeter Mitarbeiter sowie einer guten Organisation, damit die Abwicklung eines Auslandsauftrags reibungslos vonstatten geht. Welche Unterlagen im Detail für die jeweiligen Länder benötigt werden, würde an dieser Stelle den Rahmen sprengen und kann nicht zuletzt über einschlägige, spezialisierte Literatur und die zuständigen Industrie- und Handelskammern in Erfahrung gebracht werden. Auch die Auslandsabteilung Ihrer Bank kann ein wertvoller Berater für Sie sein. Ziel ist es in diesem Kapitel, eine Übersicht über übliche Exportdokumente zu geben, die man im Außenhandel antrifft.

© Springer Fachmedien Wiesbaden GmbH, ein Teil von Springer Nature 2019
H. Brenner und G. Haller, *Von der Analyse zum Global Player*,
https://doi.org/10.1007/978-3-658-10196-1_10

▶ Ziel der Exportkalkulation ist es, dem Exporteur bei voller Kostendeckung einen aus-
reichenden Absatz und einen angemessenen Gewinn zu ermöglichen.

Ausgangsbasis der Exportkalkulation ist der Preis ab Werk. Nicht selten besteht seitens
des Kunden jedoch der Wunsch, ein Angebot mit alternativen Incoterms® zu bekommen,
Beispiel: DDP Busan. In diesem Fall werden auf den Preis ab Werk alle erforderlichen
Zusatzkosten aufgeschlagen. Auskunft dazu erteilt der Spediteur. Der Anteil dieser
Zuschläge am Warenwert kann je nach Lieferbedingung und Zahlungsziel durchaus
erheblich sein.
    Abhängig von der gewünschten Lieferkondition kann somit der Exportpreis ab
Werk (EXW) lauten oder alle Kosten bis zum bekannten Lieferort des Auslands-
markts beinhalten. Weitere Hinweise zur Formulierung von Incoterms® finden Sie in
Abschn. 8.3 unter „Lieferbedingungen".

▶      **Tipp** Beachten Sie bei Zuschlägen entsprechend den Incoterms˚, dass diese
       marktbedingt oft nur eine begrenzte Zeit gültig sind. Selbst Tagespreise sind
       möglich. Stimmen Sie sich dazu mit Ihrem Frachtführer ab.

**Problemstellung**
Es ist immer wieder zu beobachten, dass mit dem Exportpreis keine Kostendeckung
erreicht wurde bzw. wird. Meist wird dies erst bei einer Nachkalkulation festgestellt.
    Nicht selten unterschätzen gerade kleinere Unternehmen mit geringen Ressourcen,
dass die tatsächliche Kostenstruktur im Auslandsgeschäft deutlich höher sein kann. Sie
nehmen nur pauschale Kalkulationsaufschläge auf den im Inland gültigen Preis ab Werk
vor. Vor allem Zusatzkosten für Dokumentenerstellung und Zertifizierung werden immer
wieder vernachlässigt.

**Grundschema einer Exportkalkulation**
Preisermittlungsmethoden können je nach Unternehmen unterschiedlich sein. Grundsätzlich ist zu prüfen, ob Ihr Angebotspreis langfristig kostendeckend ist. Ansonsten ist auch
auf längere Sicht kein Gewinn möglich. Man unterscheidet grundsätzlich folgende Arten
der Kalkulation:

- Vollkostenkalkulation:
  Ihr Wesen besteht darin, dass in Form einer sog. Zuschlagskalkulation alle inner-
  betrieblich anfallenden Kosten inklusive aller indirekten Kosten (Gemeinkosten für
  Fertigung, Lager, Verwaltung) addiert werden. Das resultiert im Selbstkostenpreis.
- Teilkostenkalkulation:
  Oftmals erlauben Exportmärkte nur niedrigere Verkaufspreise als am heimischen Markt.
  Zumindest zum Markteinstieg ist man – je nach innerbetrieblicher Zielsetzung – damit
  gezwungen, seine Ware unter dem Vollkostenpreis anzubieten. Anhand der Kalkulation

können Sie Preisuntergrenzen ermitteln. Diese Art der Kalkulation empfiehlt sich nur zeitlich befristet.

- Retrograde Kalkulation (Rückwärtskalkulation):
  Sollte der Verkaufspreis marktbedingt vorgegeben sein, so prüft man, ob dieser Preis mit der eigenen Exportware erreicht werden kann. Sie stellen ausgehend vom Mitbewerberpreis fest, ob nach Abzug aller anfallenden Kosten noch eine Kostendeckung gegeben ist.
  Im Gegensatz dazu steht die Zuschlagskalkulation, wenn der Marktpreis nicht der entscheidende Faktor für die Festlegung des eigenen Angebotspreises ist (s. Vollkostenkalkulation).

Für weiterführende Literatur verweisen wir auf [1–3].

Die Abb. 10.1 zeigt ein Schema zur Kalkulation des Exportpreises für den Transport auf dem Landweg im Rahmen einer Zuschlags- bzw. Vollkostenkalkulation.

Die Abb. 10.2 ist ein Schema zur Kalkulation des Exportpreises für den Transport auf dem Seeweg im Rahmen einer Zuschlags- bzw. Vollkostenkalkulation. Hier werden alle zusätzlichen Kosten speziell für den Seetransport dargestellt.

Des Weiteren empfiehlt sich die Prüfung von Kostenfaktoren, die für das Auslandsgeschäft zusätzlich zum Tragen kommen können, wie z. B. [3]:

- Forderungsabsicherung und Finanzierung
- Währungsabsicherung (Kursrisiko)
- Zahlungsabwicklung
- Dokumentenbeschaffung bei Botschaften, Ländervereinen, Industrie- und Handelskammern
- Vertriebskosten (Auslandsvertreter, Provisionen, Lagerhaltung)
- Auslandsmarketing inklusive Marktbeobachtung
- Zusätzliche Zertifizierungen
- Notarkosten (z. B. für Registrierungen im Zielland)
- Garantie und Gewährleistung
- Auslandsmontage bzw. notwendige Kosten für Einweisung, wie z. B. bei Maschinen
- Verhandlungsmarge bzw. -spielraum

Siehe dazu auch weiterführende Literatur [3].

**Übersicht der gebräuchlichsten Exportdokumente**
Die gebräuchlichsten Exportdokumente werden im Wesentlichen unterschieden in:

- Zolldokumente
- Transportdokumente
- Versicherungsdokumente
- Sonstige Dokumente

| Kalkulation des Exportpreises – Preisstellung bei Lkw-/Eisenbahntransport | |
|---|---|
| 1.   **Herstellkosten Export** <br>    - Ausfuhrerstattung | |
| 2.   **= Selbstkostenwert „Export Drittland"** <br><br>    + Gewinnzuschlag <br>    + Verpackungskosten Export <br>    + Kosten Warenprüfung | |
| 3.   **= Verkaufswert „Export" ab Werk** <br>    + Spediteurdokumente <br>    + Speditionskosten   -   Versandspediteur <br>    + Speditionsversicherung   -   Versandspediteur <br>    + Rollfuhr/Vorlaufkosten <br>    + Terminalkosten <br>    + Verladekosten | EXW |
| 4.   **= „Frei Frachtführer ... benannter Ort (Lkw/Bahn)"** <br>    + Ausfuhrdokumente <br>    + Ausfuhrzollabfertigung <br>    + Ausfuhrabgaben <br>    + Miete für Kleinbehälter, Paletten usw. <br>    + Transportkosten bis Bestimmungsort <br>    + Transitdokumente bei Transit | FCA |
| 5.   **= Verkaufswert „Frachtfrei ... benannter Bestimmungsort"** <br>    + Transportversicherung für den Empfänger | CPT |
| 6.   **= Verkaufswert „Frachtfrei versichert ... benannter Bestimmungsort"** <br>    + Einfuhrdokumente <br>    + Transportkosten bis Werk des Käufers | CIP |
| 7.   **= Verkaufswert „Geliefert ... benannter Bestimmungsort unverzollt"** <br>    + Einfuhrzollabfertigung <br>    + Einfuhrabgaben <br>    + Einfuhrumsatzsteuer | DAP |
| 8.   **= Verkaufswert „Geliefert ... benannter Bestimmungsort verzollt«** <br>    + Eigene Transportversicherung bis Übergabeort | DDP |
|     **= Zielverkaufswert** | |

**Abb. 10.1**   Grundschema einer Exportkalkulation Land

| Kalkulation des Exportpreises – Preisstellung bei Schiffstransport | |
|---|---|
| **1. Herstellkosten Export**<br>  – Ausfuhrerstattung | |
| **2. = Selbstkostenwert „Export Drittland"**<br><br>  + Gewinnzuschlag<br>  + Verpackungskosten Export<br>  + Kosten Warenprüfung | |
| **3. = Verkaufswert „Export" ab Werk**<br>  + Kosten ab Werk bis Überseehafen<br>    Spediteurdokumente, Speditionskosten – Versandspediteur,<br>    Speditionsversicherung – Versandspediteur,<br>    Rollfuhr/Vorlaufkosten oder Bahnfracht bis<br>    „Abgangstation", Versanddokumente, evtl. Hafengebühr,<br>    Kosten Zwischenlagerung, Auslieferungsdokumente<br>  + Ausfuhrdokumente<br>  + Ausfuhrzollabfertigung<br>  + Ausfuhrabgaben<br>  + Entladekosten | EXW |
| **4. = Verkaufswert Überseehafen „Frei Längsseite   Schiff ...**<br>**benannter Verschiffungshafen"**<br>  + Kosten Seehafen<br>    Lagergeld, Umschlagkosten   – Beladekosten an Bord, Kosten<br>    Kai- und Hafenbetriebe, Kosten Seehafenspediteur, evtl.<br>    Konnossementspesen, Verschiffungsprovision,<br>    Konsulatsgebühren | FAS |
| **5. = Verkaufs wert „Frei an Bord ... benannter**<br>**Verschiffungshafen"**<br>  + Kosten Seetransport<br>    Verschiffungsprovision gemäß SST, Seefracht,<br>    Konnossementgebühren, Formulare (evtl. Konsulatsgebühren,<br>    evtl. Ladelöschkosten, wenn vereinbart) | FOB |
| **6. = Verkaufswert Überseehafen   „Kosten und Seefracht ...**<br>**benannter Bestimmungshafen«**<br>  + See-Transportversicherung für den Empfänger | CFR |
| **7. = Verkaufswert Überseehafen »Kosten, Versicherung und**<br>**Seefracht ... benannter Bestimmungshafen"**<br>  + Einfuhrdokumente (CIF inkl. Dokumente) | CIF |
| = Zielverkaufswert | |

**Abb. 10.2**  Grundschema einer Exportkalkulation See

Welche Dokumente im Einzelnen benötigt werden, richtet sich nach

- den Bestimmungen des Bestimmungslands,
- den Anforderungen des Importeurs,
- nach den mit dem ausländischen Käufer vereinbarten Zahlungs- und Liefer-
konditionen,
- nach der gewählten Transportart.

Einen Überblick zu den einzelnen Dokumenten finden Sie in der Abb. 10.3.

**Exportdokumente im Einzelnen und ihre Merkmale**
Neben der bekannten Handelsrechnung gibt es Papiere bzw. Urkunden, die den Versand
der Ware nachweisen. Hier gibt es grundsätzlich zwei Arten von **Verladepapieren**: die
sog. Beweis- oder Traditionspapiere. Letztere repräsentieren die Ware selbst, haben deshalb einen Wertpapiercharakter. Dazu zählen Konnossemente und Ladescheine. Zu den
Beweispapieren gehören Frachtbriefe aller Art, Übernahmebescheinigungen usw. Diese
weisen lediglich den Versand der Ware bzw. die Übergabe zur Beförderung nach. Einzel-
heiten zu den Exportdokumenten listet Tab. 10.1 auf.

**Papiere, die vom Importland vorgeschrieben werden**, sind in Tab. 10.2 aufgelistet.

**Papiere und Urkunden, die die Versicherung der Ware auf dem Transportweg
nachweisen**, sind in Tab. 10.3 aufgelistet.

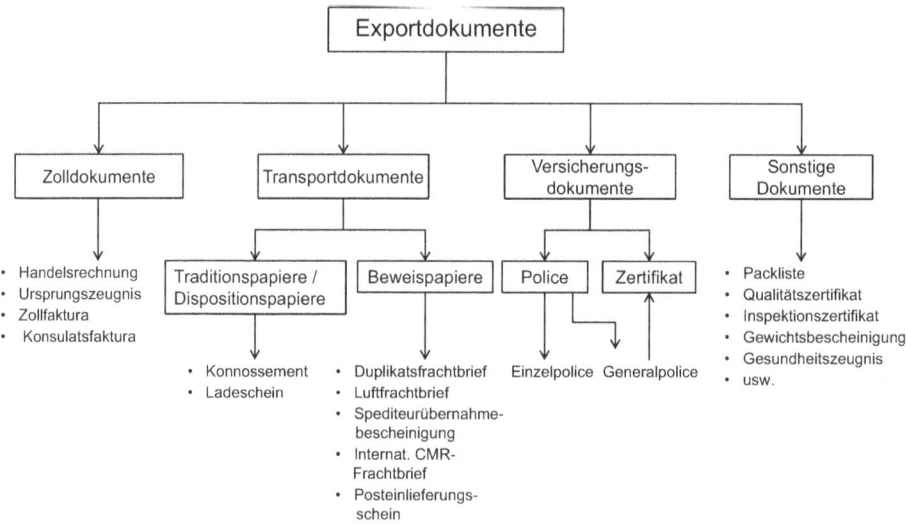

**Abb. 10.3**  Exportdokumente [4]

**Tab. 10.1** Exportdokumente und ihre Merkmale [4]

| Dokument | Wesentliche Merkmale |
| --- | --- |
| Internationaler Frachtbrief (CMR) – Beweispapier | Anwendung: Dokument zur Beförderung im internationalen Straßengüterverkehr auf Basis eines Übereinkommens, dem die meisten europäischen Staaten beigetreten sind; mindestens ein Land muss Vertragsstaat sein; Ort der Warenübernahme und Ort der Abladung muss in zwei verschiedenen Staaten sein; Er dient als Nachweis des Beförderungsvertrags und der Warenübernahme durch den Frachtführer; jedoch ohne Wertpapiercharakter |
| Spediteurübernahmebescheinigung (FCR) – Beweispapier | Der ausstellende Spediteur bescheinigt die Übernahme der bezeichneten Sendung mit der unwiderruflichen Weisung zur Beförderung an den vom Empfänger benannten Ort bzw. der Übergabe an einen Dritten; kein Wertpapiercharakter |
| Posteinlieferungsschein („parcel post receipt") – Beweispapier | Bescheinigung der Post über den Erhalt eines Pakets zur Beförderung an den benannten Empfänger. Dieses Verladepapier enthält keine Beschreibung der Ware. Dem Empfänger wird das Paket ausgehändigt, ohne im Besitz des Einlieferungsscheins zu sein |
| Internationaler Eisenbahnfrachtbrief (CIM) – Beweispapier | Kein Traditionspapier, d. h. es handelt sich lediglich um eine Bescheinigung, dass die Ware zur Beförderung übernommen wurde. Mit der Ausstellung eines Frachtbriefdoppels bzw. Duplikatfrachtbriefs kann der Absender jedoch nachträglich über die Ware verfügen, solange keine Übergabe an den Empfänger erfolgte |
| Luftfrachtbrief („air waybill" bzw. AWB) – Beweispapier | Das sog. Warschauer Abkommen, dem die meisten der zivilen Luftfahrt angehörenden Staaten beitraten, hat die AWB als alleinigen Warenbeförderungsschein im internationalen Luftverkehr anerkannt. Es handelt sich lediglich um ein Warenbegleitpapier, kein Traditionspapier |

(Fortsetzung)

**Tab. 10.1** (Fortsetzung)

| Dokument | Wesentliche Merkmale |
|---|---|
| Seekonnossement (Bill of Lading bzw. B/L) – Traditionspapier | Wichtigstes Verladedokument im Überseehandel. Es beurkundet den Empfang des Frachtführers bzw. Verfrachters, die Beförderung und die Auslieferung der Ware an den legitimierten Inhaber des Konnossements. Es repräsentiert die Ware. Als Traditionspapier hat es Wertpapiercharakter. Nach § 650 Handelsgesetzbuch (HGB) hat die Übergabe des B/L für den Erwerb von Rechten an den Gütern dieselbe Wirkung wie die Übergabe der Güter selbst. Das Konnossement kann gemäß § 363 Abs. 2 HGB, wenn es „an Order" lautet, durch Indossament übertragen werden. Das HGB unterscheidet zwischen Bord- und Übernahmekonnossement (tatsächliche Übergabe an Bord des Schiffs oder Übernahme zur Beförderung, aber noch nicht verladen). Umwandlung durch nachträglichen Vermerk „shipped on board" in ein Bordkonnossement ist möglich, falls ein Nachweis der tatsächlichen Verladung an Bord des Schiffs verlangt wird |
| Ladeschein – Traditionspapier | Auch Flusskonnossement durch die Verwendung von Binnenschiffen genannt. Der Frachtführer verpflichtet sich zur Auslieferung an den legitimierten Besitzer des Ladescheins. Es gelten die rechtlichen Bestimmungen des Konnossements |
| Multimodales Transportdokument (FBL) | Unter einem multimodalen Transport versteht man eine Beförderung mit mindestens zwei verschiedenen Beförderungsarten, z. B. Spedition und Schiff. Der Frachtführer des multimodalen Transports trägt die Verantwortung für den gesamten Versand sowie für die Herausgabe am Bestimmungsort |

**Tab. 10.2**  Mögliche Papiere des Importlandes [4]

| Dokument | Wesentliche Merkmale |
|---|---|
| Konsulatsfaktura („consular invoice") | Vor allem üblich in mittel- und süd-amerikanischen Staaten; grundsätzlich: Inhalt wie bei Handelsrechnung („commercial invoice"); jedoch Erstellung in der vom Konsulat vorgeschriebenen Sprache; auf Formular des Konsulats des Importlandes inklusive Beglaubigung des Konsulats, dass der fakturierte Warenwert mit dem Handelswert im Export-land übereinstimmt; Zweck: Dokumentation der Korrektheit des Preises zur Ermittlung des korrekten Einfuhrzolls |
| Zollfaktura („customs invoice") | Vor allem üblich in den USA, Kanada und Staaten des Commonwealth Zweck wie Konsulatsfaktura für Verzollung; Angabe des Ursprungslandes pro Lieferposition, sodass ein Ursprungszeugnis entfallen kann; Beglaubigung kann entfallen, Unterschrift des Exporteurs und gegebenenfalls Gegenzeichnung durch einen Zeugen. Dieser kann ein Angestellter sein |
| Ursprungszeugnis („certificate of origin") | Wird von verschiedenen Ländern vor-geschrieben, meist jedoch nur bei Einfuhr bestimmter Produkte; Nachweis des Ursprungs-landes (nach Herstellung oder Grad und Art der Be-/Verarbeitung); Ausstellung bzw. Beglaubigung erfolgen im Auftrag der Bundes-republik durch die Industrie- und Handels-kammern; handelspolitische Gründe: Kontrolle, damit bestimmte Produkte aus bestimmten Ländern nicht importiert werden; Überprüfung, damit bilaterale Handelsabkommen nicht verletzt werden |
| Handelsrechnung („commercial invoice") | Zweck: wichtigstes Nachweispapier, dass die vertraglich vereinbarte Ware geliefert wurde; Grundlage für die Verzollung; Angaben in der Handelsrechnung: wie im nationalen Handel, jedoch ergänzend Art und Markierung der Ver-packung, Zahlungs- und Lieferbedingungen, Unterschrift des Exporteurs, aktuelle und individuell vom Einfuhrland vorgeschriebene Angaben. Siehe dazu „Konsulats- und Muster-vorschriften (K und M)" der Handelskammer Hamburg als grundlegendes Nachschlagewerk für die Exportabwicklung |

(Fortsetzung)

**Tab. 10.2** (Fortsetzung)

| Dokument | Wesentliche Merkmale |
|---|---|
| Proforma-Rechnung („proforma invoice") | Wird von verschiedenen Ländern vorgeschrieben; es handelt sich um eine der Form halber ausgestellte Vorabrechnung; Zweck: zur Ausstellung von Importlizenzen und/oder Devisentransfergenehmigungen; zur Einholung von Transportangeboten; zur Klärung des Einfuhrzolls sowie der Einfuhrumsatzsteuer |
| Warenverkehrsbescheinigung (EUR1/EUR2) | Verwendung zum Nachweis für Staaten mit EG Freihandelspräferenzen bzw. Kooperationsabkommen mit Ländern, die der EG assoziiert sind. Inhalt: Der Exporteur deklariert die Herstellung in einem EG-Land oder dass die Ware in der EG zollamtlich zum freien Verkehr freigegeben wurde. Bestätigung durch Zollamt des Exporteurs erforderlich. Zweck: Erlangung von Zollfreiheit oder Vorzugszöllen im Importland |

**Tab. 10.3** Papiere/Urkunden zur Nachweis der Versicherung auf dem Transportweg [4]

| Dokument | Wesentliche Merkmale |
|---|---|
| Versicherungspolice („insurance policy") | Hier handelt es sich um eine Urkunde zum Nachweis über den Abschluss eines Versicherungsvertrags. Mit einer Generalpolice wird im Rahmen eines Versicherungsvertrags ein Versicherungsschutz für alle durchgeführten und beim Versicherer angemeldeten Warensendungen gewährt |
| Versicherungszertifikat („insurance certificate") | Im Rahmen einer bestehenden Generalpolice werden bei Bedarf für jede Warensendung Einzelzertifikate erstellt |

**Tab. 10.4**  Papiere zum Nachweis des ordnungsgemäßen Zustands bei Lieferung [4]

| Dokument | Wesentliche Merkmale |
|---|---|
| Qualitäts-, Inspektions-, Analysezertifikate aller Art | Häufig verlangen Importeure verschiedenste Bescheinigungen, dass die Vertragsware in ordnungsgemäßem Zustand, vollzählig und in der vereinbarten äußeren Beschaffenheit und Qualität geliefert wird. Grund ist, dass aufgrund der Entfernung und in Anbetracht der Zahlungskonditionen eine Prüfung der Ware durch den Importeur nicht möglich ist. Diese Prüfungen werden z. B. von der SGS Controll Co., Hamburg, weltweit durchgeführt; teils werden zertifizierte Prüflabore vorgeschrieben. In Einzelfällen können auch Beglaubigungen einzelner Dokumente durch die Konsulate damit verbunden sein. Dies wird v. a. von arabischen Staaten praktiziert. Dabei ist gegebenenfalls auch zu prüfen, ob solche Dokumente von den Konsulaten überhaupt beglaubigt werden |
| Black-List-Zertifikat | Vor allem arabische Staaten verlangen zumeist eine Bestätigung, dass die Waren weder von Firmen, die auf einer sog. Schwarzen Liste stehen, hergestellt noch von solchen befördert werden. Hier handelt es sich um Firmen/Länder, die wegen ihrer Beziehung zu Israel von den arabischen Staaten boykottiert werden |

Zu den **Papieren, die nachweisen, dass die Vertragsware in ordnungsgemäßem Zustand geliefert wurde**, gehören beispielsweise die in Tab. 10.4 angeführten Dokumente.

▶   **Tipp** Prüfen Sie *vor* Geschäftsabschluss, welche Dokumente Sie benötigen und gegebenenfalls besorgen können. Damit vermeiden Sie Überraschungen und Stress – gerade, wenn es um erforderliche Beglaubigungen geht. Diese sind oft zeitaufwendiger als gedacht. Zu berücksichtigen sind auch Bearbeitungszeiten in den ausstellenden Behörden bzw. Institutionen und Postwege, die oft nur schwer zu beeinflussen sind. In dringenden Fällen empfiehlt sich der Einsatz eines Kuriers, um die schnelle und zuverlässige Zustellung sicherzustellen.

## Literatur

1. Scheuring H (2003) 4 Exportpreiskalkulation und preisbegleitende Konditionen. In: Brenner H, Gößl M, Scheuring H (Hrsg) Export für Einsteiger. Deutscher Wirtschaftsdienst, München, S 53–67
2. Brenner H, Fuchs B, Gailler S, Sefrin M (2017) 66 Checklisten für den Export, 2. Aufl. Bundesanzeiger Verlag, Köln, S 123–128
3. Brenner H, Dörfler W (2017) Exportpreise richtig kalkulieren und erfolgreich verhandeln. Springer Gabler, Wiesbaden
4. Scheuring H (2003) 6 Die gebräuchlichsten Dokumente im Außenhandel. In: Brenner H, Gößl M, Scheuring H (Hrsg) Export für Einsteiger. Deutscher Wirtschaftsdienst, München, S 81–98

# Exportfinanzierung

**Zusammenfassung**

Finanzierungen im Exportgeschäft sind zumindest für die Dauer des Versands bis zur Bezahlung erforderlich. Jeder Exporteur hat zusätzlichen Finanzierungsbedarf, wenn er selbst Hersteller ist. Zahlungsziele im Export sind i. d. R. 30–90 Tage. Sobald es sich jedoch um ein Geschäft mit Investitions- oder Anlagengütern handelt, entstehen Laufzeiten bis zu mehreren Jahren. Doch wie kann man über mehrere Jahre ein Geschäft im Exportbereich absichern? Selten entsteht eine solche Komplexität im Inlandsgeschäft, sodass man im Exportgeschäft unbedingt auf fundierte Betrachtung und Beratung zurückgreifen muss. Dazu gibt es zahlreiche Möglichkeiten mit Unterstützung des Staats im Rahmen der Exportförderung, der Banken, des Lieferanten und anderer Stellen. Wichtig ist dabei, dass der Finanzierungsbedarf vor Geschäftsabschluss erkannt und diskutiert wird. Dieses Kapitel führt Sie in die vielseitige Welt der Exportfinanzierung ein, die je nach Waren, Zahlungsbedingungen, Zielland ganz unterschiedlich gestaltet werden kann oder muss. Banken und Privatunternehmen aller Art können Sie hierzu i. d. R. im Detail gut und abgestimmt auf Ihre Bedürfnisse beraten.

© Springer Fachmedien Wiesbaden GmbH, ein Teil von Springer Nature 2019
H. Brenner und G. Haller, *Von der Analyse zum Global Player*,
https://doi.org/10.1007/978-3-658-10196-1_11

▶ **Wichtig** Im Normalfall beträgt das Zahlungsziel im Auslandsgeschäft
30–90 Tage. Vor allem im Bereich Investitions- und Anlagengüter kann sich
dies auf mehrere Jahre ausdehnen.

Finanzierungsbedarf entsteht für den Exporteur mindestens für die Dauer
des Transports bis zur Bezahlung. Dieser verlängert sich, wenn er zusätzlich
der Hersteller der Ware ist. In solchen Fällen wird sich der Exporteur v. a. bei
seiner Bank refinanzieren.

Im Exportgeschäft können deutliche längere Laufzeiten für Exportkredite gefordert werden als im Inlandsgeschäft üblich. In der Praxis unterscheidet man in

- kurzfristige Laufzeiten, bis zu 12 Monate;
- mittelfristige Laufzeiten, 1 bis 2 Jahre;
- langfristige Laufzeiten, 2 bis 6 Jahre;
- bei Großanlagen bis 10 Jahre und mehr.

## 11.1 Kurz- und mittelfristige Lieferantenfinanzierungen

Kommt es zu Finanzierungsbedarf von größeren Einzelgeschäften, der Produktionsdauer
oder des Forderungsbestands, bieten sich die nachfolgenden Bankfinanzierungen an.

**Kontokorrentkredit bzw. Barkredit**
Der allgemein bekannte Kontokorrentkredit, auch Barkredit genannt, bietet Firmen die
einfachste und schnellste Art der Finanzierung. Abhängig von der Unternehmensboni-
tät, den Bilanzergebnissen und Sicherheiten entscheidet die Bank über Höhe, also den
Kreditrahmen, und Konditionen.

**Vorteil:** Zinsen fallen nur bei Inanspruchnahme an.

Oft gewähren Banken einen saisonbedingten, zeitlich begrenzten Barkredit an. Die-
ser bildet eine Unterform des Barkredits und wird auch als Saisonkredit bezeichnet. Die
Refinanzierung begrenzt sich auf besondere Saisongeschäfte, wie z. B. Weihnachten,
Sommer, Winter, Erntezeiten usw.

**Wechseldiskontkredit**
Die Bedeutung dieser Kreditform ist heute gesunken. Grund ist der Wegfall des zinsver-
günstigten Bundesbankrediskonts. Somit entspricht der Wechseldiskontkredit heute dem
Barkredit.

Dennoch ist die Rechtsposition der Wechselforderung mit ihrer Protestmöglichkeit im
Vergleich zur einfachen Rechnung unverändert höher.

▶ **Wichtig** Das Wechselrecht hat im Ausland nicht immer einen mit dem
Inland vergleichbaren rechtlichen Stellenwert mit entsprechenden Rechts-

konsequenzen, wie z. B. der Durchsetzbarkeit. Bei Wechselgeschäften sollten Sie daher Erkundigungen über das Wechselrecht im Exportland einholen. Ansonsten könnte sich ein Wechsel schnell als „Papiertiger" erweisen.

**Sonderkredite am internationalen Euromarkt**

Am internationalen Euromarkt können sich Kreditnehmer mit guter Bonität über ihre Bank durch Sonderkredite Liquidität verschaffen und in den Genuss von Vorzugszinsen kommen. Dazu refinanziert sich die Bank an in- und ausländischen Geldmärkten im Rahmen eines Barkredits mit festem Bodensatz.

▶ **Tipp** Sprechen Sie dazu frühzeitig mit Ihrer Bank, um die Konditionen bereits mit Ihrer Preiskalkulation berücksichtigen zu können. Oft sind die Vorlaufzeiten für Auslandsgeschäfte länger als bei vergleichbaren Inlandsgeschäften.

**Avalkredit**

Der sog. Avalkredit bzw. Bankaval ist erforderlich bei Eröffnung von Bankgarantieren und Importakkreditiven. Es gelten dabei die Richtlinien des Barkredits. Aktuell liegt der Zinssatz zwischen 1 und 3 % p.a.

**Projektfinanzierungen**

Sowohl für Import- als auch Exportgeschäfte bieten die Banken individuelle Projektfinanzierungen an. In der Regel erfolgt die Kreditgewährung losgelöst von bestehenden Krediten und der Bilanz. Entscheidend sind dazu v. a. die einzuschätzende Vertragserfüllung des Händlers und der gesicherte Zahlungseingang. Hier ist z. B. ein bestätigtes Akkreditiv eine für die Banken gesicherte Grundlage.

▶ **Tipp** Eigenständige Projektfinanzierungen mit eigenen Kreditlinien bieten sich an bei in sich geschlossenen Handelsgeschäften nicht unter einem Volumen von 100.000 €.

**Die Forfaitierung**

Der Forderungsverkauf à forfait erfolgt ohne Rückgriffsrecht auf den Verkäufer bzw. den Exporteur. Es verschafft ihm umgehende Liquidität und entlastet seine Bilanz. Gleichzeitig übernimmt die Bank das Bonitätsrisiko.

Im Normalfall ist der Zins günstiger im Vergleich zu einem Barkredit. Jedoch wird bei risikoreichen Ländern und Banken ein Risikoaufschlag erhoben. Trotzdem ist diese Art der Finanzierung oft die einzige Möglichkeit zur Vermeidung von Risiken bzw. zur Erlangung von Bonität.

**Zur Forfaitierung eignen sich v. a.:**

• Buchforderungen auf Basis von Bankgarantien
• Wechselforderungen mit Bankaval
• Akkreditive mit einem späteren Zahlungszeitpunkt (d. h. L/C mit „deferred payment")

**Das Factoring**

▶ Factoring ist der revolvierende Verkauf aller Buchforderungen an einen Factor oder eine Factoringbank. Diese übernehmen bei einem sog. echten Factoring das Zahlungsrisiko des Debitors, d. h. das Delkredererisiko sowie das Mahnwesen. Der Verkäufer erwirkt mit dem Forderungsverkauf sofortige Liquidität.

Ursprünglich ist das Factoring auf die Textilbranche zurückzuführen. Großhändler und Importeure haben einen großen Kundenstamm bestehend aus Einzelhändlern und Boutiquen. Hier ist oftmals die Bonitätsprüfung schwierig und Zahlungsausfälle nicht selten, was einen hohen Liquiditätsbedarf bedingt. Das Mahnwesen bzw. die Überwachung des Zahlungseingangs sind aufwendig und häufig mangels Ressourcen durch den Verkäufer nicht zu leisten.

Sog. Factoringgesellschaften übernehmen daher auch die Überwachung des Zahlungseingangs, das Mahnwesen und die Liquiditätsbeschaffung mit dem Forderungsankauf.

▶  **Tipp** Achtung: Bei einem sog. unechten Factoring verbleibt das Zahlungsrisiko beim Verkäufer der Forderung. Prüfen Sie deshalb genau, um welches Factoring es sich handelt.

Im Allgemeinen umfasst das Volumen das gesamte Forderungspaket des Verkäufers. Die Leistungen des Factors bzw. der Factoringbank sind wahlweise zu verhandeln und i. d. R. verbleibt ein Selbstbehalt von 10 % der Forderung beim Verkäufer.

Berücksichtigen Sie die Kosten des Factors bzw. der Factoringbank in Ihrer Kalkulation. Diese sind definiert durch das gewünschte Dienstleistungspaket und i. d. R. liegen sie über einer Bankfinanzierung. Sie umfassen die Delkredereprüfung, die Factoringgebühr und den Zinssatz für die Vorfinanzierung.

Für Auskünfte wenden Sie sich an bekannte Factoringunternehmen, wie z. B. Coface Finanz, Euler Hermes oder Heller Factoring.

**Factoring bietet sich in folgenden Fällen an:**

• Liquiditätsbedarf wird nicht von Banken finanziert.
• Der Forderungsbestand umfasst viele Forderungen an kleine und mittlere Kunden.
• Die firmeninterne weltweite Bonitätsprüfung und -überwachung sind zu aufwendig.
• Die hausinterne Debitorenbuchhaltung ist überfordert mit Mahnwesen und Forderungseinzug.
• Absicherung der Importeurrisiken bei vielen Adressen.

Verwiesen sei an dieser Stelle auch auf weiterführende Literatur siehe [1].

## 11.2 Die mittel- und langfristigen Finanzierungen

Mittel- und langfristige Laufzeiten sind ein bis zwei Jahre bzw. zwei bis sechs Jahre. Dadurch erklärt sich, dass die Lieferantenfinanzierung nicht sehr beliebt ist. Doch bei manchen Exportgeschäften, v. a. bei Investitions- und Anlagegütern, sind lange Laufzeiten oft unabdingbar.

Die klassische Refinanzierung bei der Hausbank ist gekennzeichnet durch die Belastung der Kreditlinie, die Bilanzzahlen werden ungünstig beeinflusst und regelrecht aufgebläht. Oftmals werden deshalb zusätzliche Kreditlinien bei der eigenen Bank benötigt. Der Exporteur hat einen hohen Liquiditäts- und Refinanzierungsbedarf.

Deutschland ist weltweit bekannt für die Herstellung und Lieferung von hochwertigen Investitions- und Anlagengütern. Qualität kostet Geld, sodass im Allgemeinen hohe Auftragswerte damit einhergehen. Um ein Scheitern von Exportgeschäften dieser Größenordnung verbunden mit einem hohen Finanzierungsbedarf zu vermeiden, gibt es zahlreiche Möglichkeiten der Absicherung, teils unterstützt durch die Bundesregierung.

In diesem Abschnitt finden Sie zur Veranschaulichung der Tragweite von mittel- und langfristigen Finanzierungen eine Darstellung der Risiken in der Praxis (s. dazu auch Abschn. 4.3).

**Risiken der Exportfinanzierung**

Risiken im Auslandsgeschäft werden immer wieder unterschätzt, da sie im Bereich der Inlandsgeschäfte keine oder kaum Bedeutung haben. Die Praxis zeigt jedoch immer wieder, wie wenig – oder auch keine – Einflussmöglichkeiten der Exporteur auf bestimmte Umstände hat. Diese sind leider nicht so selten, wie sie erscheinen mögen. Daher nachstehend in Zusammenhang mit Finanzierungen nochmals eine Zusammenfassung der durchaus nicht unüblichen Komplikationen wie sie die meisten Spediteure schon einmal erfahren haben.

**Politische Risiken:**

- Konvertierungs- und Transferrisiko (KT-Risiko; kein Devisenumtausch, keine Auslandszahlungen)
- Ländermaßnahmen, Krieg, Aufruhr, Handelsblockaden bzw. Embargo, Revolution verhindern die Zahlung oder die Vertragserfüllung durch den Exporteur
- Warenverlust durch Beschlagnahme, Vernichtung oder Beschädigung – ohne Versicherungsmöglichkeit
- Zahlungs- und Moratoriumsrisiko (ZM-Risiko; Zahlungsunfähigkeit eines Landes oder verzögerte Zahlung von Devisengeschäften)

**Wirtschaftliche Risiken:**

- Kursverluste (Abwertung im Ausland trotz bereits erfolgter Zahlung durch den Käufer)
- Zahlungsunfähigkeit des Käufers (Importeurrisiko)
- Konkurs, Vergleich, Zwangsvollstreckung beim Käufer

**Staatliche Hermesdeckung**

Um auch die Erschließung schwieriger Märkte zu ermöglichen und wirtschaftliche Beziehungen in ungünstigen Zeiten aufrechtzuerhalten, können deutsche Exporteure und Kreditinstitute durch Unterstützung der Bundesregierung Käufer- und Länderrisiken bei Exportgeschäften absichern. Ziel ist es dabei auch, v. a. die mittelständische Wirtschaft zu fördern. Dabei entscheidet ein interministerieller Ausschuss (IMA) über die Gewährung von Exportkreditgarantien. Der IMA besteht aus Vertretern von Ministerien, der Wirtschaft und von Banken.

▶ **Definition** Ausfuhrbürgschaften sind Deckungen für staatliche Abnehmer. Bürgschaften für private Abnehmer werden als Ausfuhrgarantien bezeichnet.

Im Auftrag und auf Rechnung des Bundes werden staatliche Exportkreditgarantien durch die Euler Hermes Deutschland AG und die PricewaterhouseCoopers Aktiengesellschaft Wirtschaftsprüfungsgesellschaft (PwC AG) bearbeitet. Federführend betätigt sich dabei die Euler Hermes AG, Hamburg, woraus der in der Exportwirtschaft geläufige Begriff der Hermesdeckung entstand.

▶     **Tipp** Ziel bei Hermesdeckungen ist es auch, möglichst unbürokratisch Ausfuhrgarantien bzw. -bürgschaften abzuwickeln. Dabei werden die Länder nach Risikogruppen eingeteilt und es erfolgt weiterhin eine Bonitätsprüfung des Importeurs. Abhängig vom Risiko entstehen Kosten für diese Form der Finanzierung. Prüfen Sie diese frühzeitig, damit sie im Angebotspreis berücksichtigt werden können.

**Der Lieferantenkredit**

▶ **Definition** Der Lieferantenkredit ist ein Kredit, den ein Lieferant seinem Kunden durch die Gewährung eines Zahlungsziels gewährt.

Wie bereits erwähnt, kommt es bei Exportgeschäften produktbezogen zu Kreditlaufzeiten von bis zu mehreren Jahren. Somit entsteht zwangsläufig beim Exporteur ein Liquiditäts- und Refinanzierungsbedarf.

Die Bilanz des Exporteurs wird über die komplette Laufzeit damit ungünstig beeinflusst und aufgebläht. Er benötigt möglicherweise sogar zusätzliche Kreditlinien bei seiner Bank. Und auch die Hermes-gedeckte Refinanzierung belastet die Kreditlinien.

**Bestellerkredit – Ersatz des Lieferantenkredits**

▶ **Definition** Der Bestellerkredit ist ein Kredit, der nur für langlebige Investitionsgüter infrage kommt. Dabei ist eine Hermesdeckung die übliche Voraussetzung, da der Kreditnehmer sich im Ausland befindet.

Dabei handelt es sich im Gegensatz zum Lieferantenkredit um eine Bankfinanzierung direkt an den Käufer oder dessen Bank.

**Wichtige Merkmale des Bestellerkredits:**

- Voraussetzung aufgrund der mehrjährigen Laufzeit ist eine Versicherung gegen politische und wirtschaftliche Risiken, das sog. Länderrisiko. Diese Finanzkreditversicherung wird vorgenommen durch die Hermes-Versicherung des Bundes zur Förderung des deutschen Exportgeschäfts. Die Antragstellung erfolgt durch die Bank.
- Die Kreditlaufzeit beträgt drei bis zehn Jahre.
- Maximal 85 % des Auftragswerts können refinanziert werden.
- Im Allgemeinen sind 15 % des Auftragswerts über eine Anzahlung und/oder Zwischenzahlung zu regeln.
- Hermes versichert 95 % des Auftragswerts bzw. des Kreditbetrags. Die 5 % Selbstbehalt der Bank sind über eine Risikoprovision abzudecken.
- Der Mindestauftragswert beträgt etwa. 1.000.000 €.
- Die Kreditgewährung erfolgt in €, US$ oder einer anderen konvertierbaren Währung.
- Die Auszahlung des Kredits an den Exporteur erfolgt pro rata nach Lieferung bzw. Leistung.
- Sollte der Importeur nicht über eine entsprechende Größe oder Bonität verfügen, ist die Zahlungsgarantie einer Bank erforderlich. In der Regel ist dies die Hausbank.
- Zinssatz: variabel, alternativ ein fester Zinssatz für die jeweilige Kreditlaufzeit
- Die Rückzahlung des Kredits erfolgt in aufeinanderfolgenden, halbjährlichen Raten gleicher Höhe.

**Daraus ergeben sich folgende Vorteile für den Exporteur:**

- Politische und wirtschaftliche Risiken sind abgewandt
- Keine Ausweisung des Kredits in der Bilanz
- Steigerung der Verkaufschancen durch Vermittlung einer Finanzierung
- Die Bank erledigt alle aufwendigen Verhandlungen zum Thema Finanzierung
- Barzahlung nach erfolgter Lieferung

**AKA-Kredite**

▶ **Definition** Die AKA-Ausfuhrkredit GmbH mit Sitz in Frankfurt ist eine Spezialbank für die Finanzierung von mittel- bis langfristigen Krediten zur Förderung der deutschen Exportwirtschaft bzw. des internationalen Handels. Kredite der AKA dürfen in dieser Form sonst nur noch über die Kreditanstalt für Wiederaufbau (KfW) angeboten werden.

Im Konsortium der AKA befinden sich alle großen deutschen Banken. Kredite werden heute im sog. Plafond E beantragt. Früher wurden sie aus den Plafonds A, B, C, D und E zur Verfügung gestellt.

**AKA-Kredit als Bestellerfinanzierung:**

- Mindestbetrag: 500.000 €
- Bis zu 100 % des Auftrags sind finanzierbar abzüglich mindestens 15 %.
- An- und Zwischenzahlungen sind möglich.
- Hermes-Bedingungen (u. a. Höchstlaufzeit) sind Voraussetzung.
- Zinssätze: Alle marktüblichen Konditionen für variable und Festzinsen sind verhandelbar.
- Die Auszahlung erfolgt an den deutschen Exporteur.
- Antragstellung erfolgt über deutsche Konsortialbank.
- Besteller- oder Finanzkredit in € erfolgt an den ausländischen Importeur bzw. dessen Bank.

**AKA-Kredit zur Lieferantenfinanzierung:**

- Mindestlaufzeit: 12 Monate
- Hermes-Bedingungen sind Voraussetzung.
- Zinssätze sind abhängig vom Geld- und Kapitalmarkt.
- Dient der Refinanzierung für den Exporteur für Produktions- und Forderungsfinanzierung.
- Bei Bündelung kleiner Exportgeschäfte dient er als separater Globalkredit für revolvierende Lieferungen an gleiche Käufer.
- Antragstellung erfolgt über die Hausbank des Exporteurs.

**Interessante Vorteile bei Forfaitierung**

Die Forfaitierung, wie bereits erwähnt für kurz- und mittelfristige Finanzierung, ist ebenfalls für mittel- und langfristige Finanzierungen geeignet und wird deshalb der Vollständigkeit halber nochmals genannt.

▶ **Definition** Die Forfaitierung (franz. „à forfait" für in Bausch und Bogen) bezeichnet den regresslosen An- und Verkauf von kurz- und mittel- bis langfristigen Forderungen meist aus Exportgeschäften. Der Forfaiteur (Bank) kauft verbriefte Forderungen des Exporteurs und lässt sich bestehende Sicherheiten durch Zession übertragen. Im Gegenzug zahlt er den Forderungsbetrag abzüglich eines Diskontabschlags an den Exporteur aus und fordert den Schuldner des Exporteurs zur Zahlung an ihn auf.

**Exportleasing**

▶ **Definition** Im klassischen Sinn ist Leasing eine spezielle Form der Nutzungsüberlassung. Im heutigen Wirtschaftsleben hat es seine Bedeutung als Finanzierungs- und Beschaffungsmethode.

Export-Leasing – oder auch Cross-Border-Leasing – bedeutet, dass Leasing-Geber und Leasing-Nehmer ihre Geschäftssitze in zwei unterschiedlichen Staaten haben.

Der Leasing-Geber, die Bank, bleibt dabei Eigentümer des Leasing-Gegenstandes und stellt dem Mieter (Leasing-Nehmer) gegen laufendes Entgelt ein Wirtschaftsgut für einen definierten Zeitraum zur Verfügung.

Konditionen sind mit den Banken frei verhandelbar und orientieren sich am Markt.

**Gegengeschäfte bzw. Kompensationsgeschäfte**

▶ **Definition** Unter Gegen- bzw. Kompensationsgeschäften versteht man alle Arten von Warentransaktionen, bei denen der Export von Ware mit dem Import eines anderen Produkts teils oder ganz abbedungen wird.

**Differenziert wird u. a. in:**

- Bartergeschäfte als direkter Warenaustausch zwischen zwei Geschäftspartnern.
- Buy-Back-Geschäfte, d. h. bei diesen Geschäften werden Maschinen bzw. Anlagen mit den Produkten bezahlt, die später damit hergestellt werden.

In manchen Ländern sind Kompensationsgeschäfte – auch Countertrade genannt – gängige Praxis. Exporteure werden damit mitunter erst in laufenden Verhandlungen konfrontiert. Dies stellt ein großes Risiko dar, wenn es sich zudem um Ware handelt, die der Exporteur nicht verwerten kann.

Schwierig wird es, wenn es sich bei den angebotenen Produkten um veraltetes Design handelt mit langen Lieferzeiten und womöglich auch von schlechter Qualität. Oft sind die Preisvorstellungen zudem unrealistisch hoch. In der Praxis kann es dazu führen, dass ein Exportauftrag davon abhängig gemacht wird. Hier sollte man sehr genau prüfen, ob ein abgelehnter Auftrag höher zu bewerten ist als ein Exportgeschäft mit Verlust, Zeitaufwand und Absatzrisiko aus dem Kompensationsgeschäft.

Nicht unerwähnt soll bleiben, dass Kompensationsgeschäfte auch durchaus gewinnbringend sein können. In der Tat gibt es Handelsunternehmen, die sich auf diese Geschäfte spezialisiert haben. Zumeist können Banken Firmen mit diesem Geschäftsmodell an Exporteure vermitteln.

Verwiesen sei an dieser Stelle auch auf weiterführende Literatur (s. [1]).

## Literatur

1. Brenner H, Dörfler W (2017) Exportpreise richtig kalkulieren und erfolgreich verhandeln. Springer Gabler, Wiesbaden

# Controlling im Auslandsgeschäft

**12**

**Zusammenfassung**

Um Firmen bzw. Konzerne erfolgsorientiert führen zu können, bedarf es adäquater Controllingsysteme und -instrumente. Aufgrund unterschiedlicher Komplexität werden diese immer eine firmen-/konzernbedingte Betrachtung erforderlich machen. Die Bedürfnisse haben sich aufgrund steigender strategischer Ausrichtung und einem mehr denn je dynamischen Geschäftsfeld auch in kleinen und mittleren Unternehmen in den vergangenen Jahren stark verändert. In kleineren Unternehmen ist häufig die Geschäftsleitung als Controller tätig. Im Normalfall wird diese Tätigkeit jedoch durch die Abteilung Rechnungswesen durchgeführt und größere Konzerne haben dafür sehr häufig eine eigenständige Abteilung. Controller sind umfassend in den Betrieb hinein vernetzt und haben damit einen guten Überblick über Abläufe und Prozesse. Sie werden heute zunehmend als Business-Analysten gefordert, die in Zusammenarbeit mit der IT-Abteilung und den Fachbereichen sich auch der Prozessanalyse widmen und neue Strukturen im Rahmen der Unternehmensstrategie initiieren. Dies betrifft damit auch die Auslandsaktivitäten eines Unternehmens. Hier sollten Controller bzw. Business-Analysten die Entwicklung von Anfang an begleiten und Korrekturen anregen. Sie finden in diesem Kapitel einige Hinweise zum Controlling beim Aufbau von Auslandsaktivitäten.

**Unterscheidung Controller und Business-Analyst**

**Controller** im klassischen Sinn verstehen sich als Dienstleiter für die Geschäftsleitung bzw. die Fachbereiche und stellen Zahlen nach den Erfordernissen eines Betriebs zusammen. Dabei sind sie zuständig für Plan- bzw. Ist-Analysten, Erstellung von Monats-, Quartals- und Jahresabschlüssen, Erstellung und auch Definition von Kennzahlen (Key Performance Indicators), Finanz- und Liquiditätsplanung, Kostenrechnung und Kalkulation, Risikoanalysen. Ihre Tätigkeit ist damit Grundlage für die Beurteilung zur Umsatz-, Gewinn- und Rentabilitätsentwicklung und damit für die Ermittlung des Unternehmenswerts.

Durch heute sehr dynamische und agile Geschäftsfelder sowie die strategische Ausrichtung eines Unternehmens sind weitergehend zunehmend **Business-Analysten** gefordert. Ihr Aufgabengebiet umfasst z. B. auch die Zieldefinition sowie zum Gelingen der Zielerreichung auch Prozessanalysen in Zusammenarbeit mit der IT-Abteilung und den Fachbereichen. Sie hinterfragen Strukturen und Prozesse, geben Anregungen bei Entwicklungsbedarf und erstellen nicht zuletzt auch Dokumentationen zur Erhöhung der Nachhaltigkeit von Abläufen.

Beim Start von Auslandsaktivitäten ist die Begleitung von Controllern und Business-Analysten unerlässlich. Sie schaffen Klarheit, bewirken Verbesserungen und sorgen für regelmäßiges Reporting.

**Reporting im Auslandsgeschäft**

In der Praxis unterscheidet sich das Reporting für das Auslandsgeschäft nicht wesentlich vom Berichtswesen der Inlandsaktivitäten. Die Komplexität Ihres Unternehmens entscheidet auch über die Komplexität Ihres Reportings für die Exportmärkte. Ergänzend ergibt sich die Fokussierung auf verschiedene Märkte. Dies umfasst z. B.:

- Umsatzplanung mit Soll- und Ist-Analyse nach Ländern, Gebieten, Auslandsvertretern
- Deckungsbeitrags-Planung inklusive Soll-/Ist-Analyse nach Ländern, Gebieten, Auslandsvertretern
- Profit-/Loss-Analysen, Balance Sheets
- Rentabilitätsanalysen nach Ländern, Gebieten, Auslandsvertretern
- Möglicherweise auch Angebotsanalysen nach Ländern, Gebieten, Auslandsvertretern zur Transparenz der Wirksamkeit und zu weiterem Entwicklungspotenzial
- Formulierung von Key Performance Indicators nach Ländern und/oder Gebieten

▶  **Tipp** Sollten Sie ein Team von ausländischen Handelsvertretern aufgebaut haben, so empfiehlt sich je nach Ihren Erfordernissen eventuell auch ein Controlling zur Anzahl von Besuchen in Relation zur Umsatz-/Deckungsbeitragsentwicklung – umso mehr, wenn der Vertreter auch an solchen Key Performance Indicators gemessen werden soll. Dies kann differenziert werden z. B. nach Produktgruppen des Auslandssortiments oder nach Zielgruppen.

Achten Sie auf die Aussagekraft Ihrer Analysen, dokumentieren Sie besondere Umstände oder Ereignisse und vermeiden Sie überbordendes Reporting. Der Ansatz mag gut gemeint sein, um die Sicherheit von Entscheidungen abzusichern. Häufig resultiert dies jedoch in einer Unübersichtlichkeit, die agiles Handeln erschwert. Hilfreich ist es, kurzfristig und konsequent Analysen zu erstellen, die eventuell erforderliche Kurskorrekturen zügig ermöglichen. Das Controlling kann mit wachsendem Exportgeschäft bei Bedarf stetig differenziert und ausgebaut werden.

Erfahrungsgemäß kommen Sie nicht umhin, mit längeren Anlaufphasen verglichen mit dem Inlandsmarkt zu rechnen. Planen Sie daher Investitionen und Umsätze mittel- und langfristig. Die Rentabilität im Auslandsgeschäft stellt sich oft später ein als gedacht. Die Gründe dafür können vielseitig sein und liegen im Wesentlichen immer an der Andersartigkeit der Märkte und Situationen, wie bereits in den vorangegangenen Kapiteln beschrieben.

# Anhang: Checklisten Auslandsvertrieb 13

**Zusammenfassung**

Ergänzend zu den Ausführungen finden Sie im Anhang einige Checklisten zu ausgesuchten Themen. Diese dienen Ihnen als Arbeitsunterlage bzw. Grundlage für die eigene Umsetzung.

## 13.1    Anhang I – Compliance – Produkte

Zu Abschn. 4.4 finden Sie mit Tab. 13.1 eine Checkliste zum Thema Produktanforderungen. Es sind mitunter spezielle Produktanforderungen zu beachten (s. Tab. 13.2).

**Tab. 13.1** Checkliste zu Produktanforderungen [2]

| Produktanforderung | Notizen |
|---|---|
| Besteht generell ein Bedarf für das Produkt im ausländischen Markt? | |
| Erfüllt das Produkt alle technischen Voraussetzungen, die in diesem Markt gefordert werden? | |
| Welche Anpassungen des Produkts an den Absatzmarkt sind erforderlich, abhängig von:<br>• Lebensstandard<br>• Kaufkraft<br>• Bildungs- und Ausbildungsniveau<br>• Gewohnheiten<br>• Wertvorstellungen<br>• Staatlichen Vorschriften<br>• Religiösen Verboten und Einflüssen<br>• Technischen Normen<br>• Gültigen Maßsystemen | |

(Fortsetzung)

**Tab. 13.1** (Fortsetzung)

| Produktanforderung | Notizen |
|---|---|
| • Klima | |
| • Entfernungen | |
| • Oberflächenbeschaffenheit | |
| • Form | |
| • Farbe | |
| • Geruch | |
| • Geschmack | |
| • Verpackung | |
| • Markierung | |
| • Etikettierung | |
| • Bedienungsanleitung | |
| • Montageanleitung | |
| • Servicefreundlichkeit | |
| • Wartungs- und Reparaturdienst | |
| • Zertifizierungen | |

**Tab. 13.2** Produktanforderungen – spezielle Anforderungen [2]

| Bei der Ausfuhr von | Sind andersartige Daten zu berücksichtigen für | Notizen |
|---|---|---|
| Elektrogeräten | Stecker<br>Spannung<br>Sicherheitsvorschriften | |
| Kleidung | Klima<br>Konfektionsgrößen<br>Geschmack<br>Symbolgehalt von Farben | |
| Nahrungsmitteln | Zusammensetzung<br>Geschmack<br>Haltbarkeit<br>Verpackung<br>Etikettierung | |
| Maschinen | Ausbildungsniveau des Bedienungs-<br>personals<br>Verfügbarkeit von Energie<br>Servicemöglichkeiten<br>Normen | |
| Fahrzeugen | Kaufkraft<br>Wertbeständigkeit<br>Straßenverhältnisse | |
| Pharmazeutischen Produkten | Arzneimittelgesetze<br>Absatzwege | |

(Fortsetzung)

**Tab. 13.2**   (Fortsetzung)

| Bei der Ausfuhr von | Sind andersartige Daten zu berücksichtigen für | Notizen |
|---|---|---|
| **Bei der Festlegung der** | **Sind zu berücksichtigen:** | |
| Verpackung | Eichgesetze<br>Größe, Normen<br>Form<br>Schutzwirkung (Klima, Transport usw.)<br>Deklarationsvorschriften<br>Verbrauchergewohnheiten<br>Symbolgehalt von Farben | |
| Markierung/Etikettierung | Schutz des Markenzeichens<br>Lesbarkeit<br>Aussprechbarkeit<br>Vorschriften | |
| **Bei der Gestaltung von** | **Sind zu berücksichtigen:** | |
| Prospekten/Werbematerial aller Art/<br>Bedienungsanleitungen | Symbolgehalt von Farben<br>Verständlichkeit<br>Einprägsamkeit | |

## 13.2   Anhang II – Checkliste Sollprofil

Mit Tab. 13.3 wird eine Checkliste zur Ermittlung des Sollprofils (s. Abschn. 6.1) zur weiteren Verwendung zur Verfügung gestellt.

**Tab. 13.3**  Checkliste zur Ermittlung des Sollprofils

| Kriterium | Muss-Kriterium | Soll-Kriterium |
| --- | --- | --- |
| Branchenerfahrung | | |
| **Fachkenntnisse** zu<br>Produkten<br>Markt<br>Abläufen<br>Marketing | | |
| **Kundenkontakte** | | |
| **Standort** | | |
| **Wettbewerber** | | |
| **Verkauf von Wettbewerbsprodukten** | | |
| **Serviceleistungen**<br>Lager<br>Eigene LKW<br>Know-how zu IT-Verbindungen<br>Monteure<br>Technische Verkäufer | | |
| **Sprache**<br>**Verkaufsleiter**<br>**Sachbearbeiter**<br>**Verkäufer**<br>**After Sales** | | |
| **Mentalität/DNA** | | |

## 13.3   Anhang III – Schulung der Vertriebspartner vor Start des aktiven Einsatzes

Mit Tab. 13.4 finden Sie zu Kap. 7, Schulung der Vertriebspartner vor Start des aktiven Einsatzes, eine Checkliste zur weiteren Verwendung.

▶ **Tipp** Stellen Sie sich dazu die Frage, ob Sie eine speziell auf den Auslandsvertreter abgestimmte, quasi vierphasige Verkäuferschulung gemäß den nachfolgend beschriebenen einzelnen Phasen durchgeführt haben.

**Tab. 13.4**  Schulung von ausländischen Vertriebspartnern [1, 3]

| 1. Firmenspezifische Schulung | **Inhalt:** Stärken und Besonderheiten des Unternehmens wie z. B. Tradition, Firmenphilosophie, Art der Mitarbeiterführung, Erfolge in Entwicklung, vorhandene Patente, Umsätze und Exportanteil, Erfahrungen in bestimmten Auslandsmärkten, Maßnahmen der Qualitätskontrolle und Zertifizierung usw.<br>**Ziel:** Der Vertreter soll in die Lage versetzt werden, potenziellen Kunden ein positives und abgerundetes Firmenbild zu übermitteln |
| --- | --- |
| 2. Produktspezifische Schulung | **Inhalt:** Der Aufbau und die Funktionsweise des Produktes, Vorteile und Nachteile gegenüber Wettbewerbsprodukten.<br>**Ziel:** Der Vertreter soll in die Lage versetzt werden, mit einem Argumentationskatalog für das eigene Produkt den potenziellen Kunden von den Vorzügen/Vorteilen des Produktes im Vergleich zu Wettbewerbsprodukten zu überzeugen |
| 3. Marktspezifische Schulung | **Inhalt:** Besonderheiten einzelner Märkte bezüglich Zielgruppen, Kaufverhalten, Wettbewerb usw.<br>**Ziel:** Der Vertreter soll in die Lage versetzt werden, die Erfahrungen, die das Unternehmen bereits in anderen Märkten gesammelt hat, im eigenen Markt umzusetzen und als Verkaufshilfen zu verwenden |
| 4. Verkaufsspezifische Schulung | **Inhalt:** Zielgruppenorientierte Nutzenargumente, Preis-Leistungs-Verhältnis im Vergleich zum Wettbewerbsprodukt. Bereitstellung von Werbemitteln, z. B. DVD, Videos und Prospekte, Unterstützung beim Internetauftritt.<br>**Ziel:** Der Vertreter soll in die Lage versetzt werden, kundenbezogene Problemlösungen bzw. bedarfsgerechten Produktnutzen anzubieten |

## 13.4  Anhang IV – Effiziente Unternehmenskommunikation als Erfolgsfaktor für die zukünftige Zusammenarbeit

Zu Abschn. 5.7 finden Sie mit Tab. 13.5 eine Checkliste zur effizienten Unternehmenskommunikation mit ausländischen Vertriebspartnern.

▶  **Tipp** In der Regel sollte man davon ausgehen können, dass der ausländische Vertriebspartner ein Eigeninteresse an der Geschäftsentwicklung hat. Nicht selten hat er jedoch verschiedene Hersteller mit ihren jeweiligen Sortimenten im Portfolio. Insofern wird er sich immer vorrangig um die Produkte besonders bemühen, die ihm schnell ein gutes Ergebnis liefern. Somit ist die Kontrolle ein wesentlicher Erfolgsfaktor für Ihr Unternehmen.

**Tab. 13.5**  Effiziente Unternehmenskommunikation mit ausländischen Vertriebspartnern [4]

| | |
|---|---|
| Einmal pro Woche | Mindestens telefonisch ansprechen (aufgelaufene Fragen beantworten, Sicherheitsgefühl vermitteln, Interesse zeigen, Motivation vermitteln usw.) |
| Einmal pro Monat | Schriftlich informieren (Produktverbesserungen, Verkaufsargumente, Marktentwicklung in anderen Ländern darstellen usw.) Auffordern, einmal im Monat einen schriftlichen Bericht über die Situation der besuchten Kunden abzugeben. Hierzu empfiehlt es sich, ein einheitliches Formblatt zu verwenden. Es kann eventuell sinnvoll sein, diesen Bericht mit der Provisionsabrechnung zu koppeln |
| Einmal pro Halbjahr | Ist es sinnvoll, den Vertreter zu wichtigen Kunden zu begleiten, den Vertreter zu motivieren und das eigene Gefühl für den fremden Markt zu verbessern. Sollte der Vertreter aufgefordert werden, mithilfe eines vorgegebenen Formblats über die Entwicklung des Markts zu informieren (Nachfrageverhalten, Konkurrenzsituation, Entwicklungstendenzen usw.) |
| Einmal pro Jahr | Sollte der Vertreter zu einem Verkaufsgespräch eingeladen werden (Soll-Ist-Vergleich, Manöverkritik, Absatzplanung für das folgende Jahr, Produktschulung, Übermittlung von Verkaufsargumenten, Motivation, Vertrauen vertiefen, Festigung persönlicher Kontakte usw.) |

## 13.5    Anhang V – Lieferbedingungen – Übersicht zu Incoterms®

Die Tab. 13.6 und Tab. 13.7 geben eine Übersicht zu den in Abschn. 8.3 erwähnten Incoterms®.

Zur Erläuterung:

**Ausfuhr:** Übernahme der Kosten der Ausfuhrabfertigung und Beschaffung der erforderlichen Dokumente im Exportland

**Import:** Übernahme der Kosten der Einfuhrabfertigung und Beschaffung der erforderlichen Dokumente im Importland

**Durchfuhr:** Übernahme der Kosten der Durchfuhr und Beschaffung der erforderlichen Dokumente im Transitland. Kostenteilung zwischen Verkäufer und Käufer bei der Durchfuhr der Waren bis bzw. ab dem benannten Bestimmungsort. Der Verkäufer hat auf eigene Kosten und Gefahren die für den Transport bis zum Bestimmungsort erforderlichen Dokumente zu beschaffen, der Käufer ab dem benannten Bestimmungsort.

**Transport:** Abschluss des Transportvertrags und Übernahme der Kosten des ordnungsgemäßen Transports bis zum Ort des Kostenübergangs. Bei den Klauseln CIF und CIP muss der Verkäufer auf eigene Kosten zugunsten des Käufers eine Transportversicherung im Umfang der Mindestdeckung der Institut Cargo Clauses abschließen. Die Mindestversicherung muss den Kaufpreis zuzüglich 10 % (d. h. 110 %) decken und in der Währung des Kaufvertrags abgeschlossen werden.

**Lieferort:** Ort, an den der Verkäufer zu liefern hat (genaue Bestimmung notwendig).

**Gefahrenübergang:** Übergang des Risikos vom Verkäufer auf den Käufer.

**Kostenübergang:** Übergang der Kosten vom Verkäufer auf den Käufer.

**Tab. 13.6** Klauseln für alle Transportarten [5]

| | Ausfuhr | Import | Durchfuhr | Transport | Lieferort | Gefahrenübergang | Kostenübergang |
|---|---|---|---|---|---|---|---|
| **EXW** | Käufer | Käufer | Käufer | Käufer | Werk des Verkäufers | Lieferort | Lieferort |
| **FCA** | Verkäufer | Käufer | Käufer | Käufer | Ort der Übergabe an den Frachtführer | Lieferort | Lieferort |
| **CPT** | Verkäufer | Käufer | Käufer | Verkäufer | Ort der Übergabe an den ersten Frachtführer | Lieferort | Bestimmungsort |
| **CIP** | Verkäufer | Käufer | Käufer | Verkäufer | Ort der Übergabe an den ersten Frachtführer | Lieferort | Bestimmungsort |
| **DAP** | Verkäufer | Käufer | Verkäufer | Verkäufer | Bestimmungsort | Verkäufer | Käufer |
| **DAT** | Verkäufer | Käufer | Verkäufer | Verkäufer | Benanntes Terminal im Bestimmungsort oder -hafen | Bestimmungsort oder -hafen | Bestimmungsort oder -hafen |
| **DDP** | Verkäufer | Verkäufer | Verkäufer | Verkäufer | Bestimmungsort | Bestimmungsort | Bestimmungsort |

**Tab. 13.7** Klauseln nur für den See- und Binnenschifftransport [5]

| | Ausfuhr | Import | Durchfuhr | Transport | Lieferort | Gefahrenübergang | Kostenübergang |
|---|---|---|---|---|---|---|---|
| **FAS** | Verkäufer | Käufer | Käufer | Käufer | Längsseite Schiff im Verschiffungshafen | Lieferort | Lieferort |
| **FOB** | Verkäufer | Käufer | Käufer | Käufer | Schiff im Verschiffungshafen | Bord des Schiffs | Bord des Schiffs |
| **CFR** | Verkäufer | Käufer | Käufer | Verkäufer | Schiff im Verschiffungshafen | Bord des Schiffs | Bestimmungshafen |
| **CIF** | Verkäufer | Käufer | Käufer | Verkäufer | Schiff im Verschiffungshafen | Bord des Schiffs | Bestimmungshafen |

## 13.6   Nützliche Adressen

Die nachfolgenden Informationen beziehen sich auf Inhalte des Abschn. 4.4.

**Steuerrecht – zur Prüfung von USt.-Id.Nr**
Bundeszentralamt für Steuern:
   https://www.bzst.de/DE/Steuern_International/USt_Identifikationsnummer/USt_
Identifikationsnummer_node.html

**Korruption**
Transparency International: www.transparency.de oder www.transparency.org

**Organisatorische Besonderheiten bei Entsendungen von Mitarbeitern ins Ausland**
Zuständige Behörde zum Nachweis der Sozialversicherungspflicht in **Deutschland**:
   GKV – Spitzenverband Deutsche Verbindungsstelle
   Abt. Krankenversicherung Ausland
   Postfach 20 04 64
   53134 Bonn
   Anmeldung von Entsendungen über folgendes Portal in **Österreich**:
   https://www4.formularservice.gv.at/formularserver/user/formular.aspx?pid=fe66ced-
   b506e495c94b3e826701443e5&pn=B461f73088ab946fe9bd1d1cce573d81a
   Anmeldungen von Entsendungen über folgendes Portal in der **Schweiz**:
   https://meweb.admin.ch/meldeverfahren/#AccountActivationPlace

## Literatur

1. Brenner H, Langenhagen A (2009) Erfolgreich exportieren: Auslandsgeschäfte vorbereiten, abschließen, abwickeln, 3. Aufl. Bundesanzeiger Verlag, Köln
2. Brenner H, Fuchs B, Gailler S, Sefrin M (2017) 66 Checklisten für den Export, 2. Aufl. Bundesanzeiger Verlag, Köln, S 49–51
3. Brenner H, Fuchs B, Gailler S, Sefrin M (2017) 66 Checklisten für den Export, 2. Aufl. Bundesanzeiger Verlag, Köln, S 65–66
4. Brenner H, Fuchs B, Gailler S, Sefrin M (2017) 66 Checklisten für den Export, 2. Aufl. Bundesanzeiger Verlag, Köln, S 67–68
5. WKO Österreich. https://www.wko.at/service/aussenwirtschaft/Tabelle_Incoterms2010.pdf. Zugegriffen: 25. Mai 2019

The manufacturer's authorised representative in the EU is Springer
Nature Customer Service Centre GmbH, Europaplatz 3, 69115 Heidelberg,
Germany. If you have any concerns regarding our products, please
contact ProductSafety@springernature.com

Printed and bound by CPI Group (UK) Ltd, Croydon, CR0 4YY
29/04/2026
02099337-0004